目かくしシート

このシートを切りとり、開いているページに乗せると、英作文の答えを隠すことができます。さらに、忘れがちな英語の知識も、自然に覚えられる一石二鳥のシートです！ぜひ活用してみてください。

命令・アドバイスのとき

must
〜しなければなら
話し手の命令

have to
〜しなければならない
周りの事情

had better
〜しないと
困ったことになるよ

should
〜すべきですよ
話し手の意見

need to
〜する必要があるよ

可能性・推量のとき

100%

かいない

will
〜でしょう

would
もしかしたら
〜でしょう

should
〜のはずだ

may
〜かもしれない

might
もしかしたら
〜かもしれない

could
〜の可能性もある

頻度を表すとき

高

always
いつも

usually
たいていは

often
しばしば

sometimes
ときどき

never
決してない

to play baseball
it

言いたいことを
5秒で話せる

日本一やさしい英作文

長沢寿夫（ながさわとしお）
Toshio Nagasawa

Illustrated Edition：
The Easiest Guide to English Writing - Expressing Your Thoughts in 5 Seconds

はじめに

みなさんこんにちは。長沢寿夫です。
本書を手に取ってくださりありがとうございます。
この本は「英語が大のニガテだったけれども、もう一度学び直して英語が話せるようになりたい方」に向けて、私が以前書き下ろした『中学校で英語ぎらいになった人のための日本一やさしい英作文』の図解版です。

タイトルの通り、説明・例題・単語のヒント・発音のコツなどがいちから学べる話すための英作文練習帳です。この本では、自分のこと、感じたこと、好ききらいなどを英語にする練習をします。ここで練習した英文を声に出して読んでみてください。考えていることを英語で話したり、誰かを誘って映画や食事に行けるようになります。ぜひ英語であなたの世界をひろげてください。
はじめて英語に取り組む人にも、学校の授業で英語が好きでなくなった人にも、英語を話したいという人にも、きっと役に立つ本だと思います。

最後に私の好きな言葉を贈ります。
「喜びをもって勉強すれば喜びもまたきたる」

著者　長沢　寿夫

この本の使い方

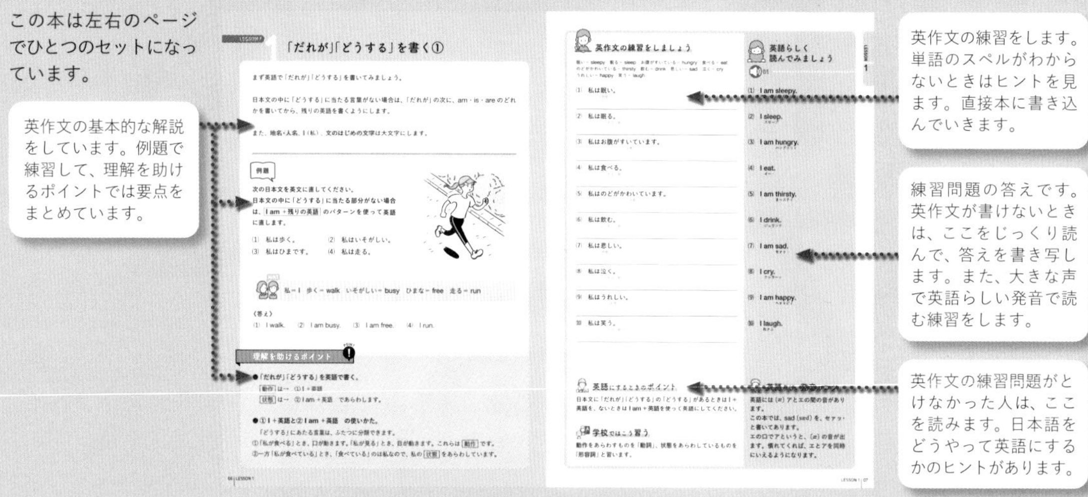
この本は左右のページでひとつのセットになっています。
英作文の基本的な解説をしています。例題で練習して、理解を助けるポイントでは要点をまとめています。
「だれが」「どうする」を書く①
英作文の練習をしましょう
英語らしく読んでみましょう
英作文の練習をします。単語のスペルがわからないときはヒントを見ます。直接本に書き込んでいきます。
練習問題の答えです。英作文が書けないときは、ここをじっくり読んで、答えを書き写します。また、大きな声で英語らしい発音で読む練習をします。
英作文の練習問題がとけなかった人は、ここを読みます。日本語をどうやって英語にするかのヒントがあります。

右のページの「英語らしく読んでみましょう」の注意

li は「り」、ri は「ゥリ」、fa は「ふァ」、ha は「ハ」、va は「ヴァ」、ba は「バ」と表記しています。「･」はのみこむように発音するのであまり聞こえません。「アー」は口を大きく開けて、「ア～」は小さく開ける音です。

音声ダウンロードについて

右の2次元コードにアクセスして、明日香出版社音声再生アプリ【ASUKALA】をインストールすると、ダウンロードした音声がいつでもすぐに再生でき、音声の速度を変えることもできるようになるのでおすすめです（無料です。個人情報の入力は必要ありません）。アプリから音声をダウンロードして聞いてください。
※音声ダウンロードサービスは、予告なく終了することがあります。
※本書に付属するコンテンツは、図書館の利用者も利用可能です。
※CDで音声を聞きたいお客様には、1,000円（送料込み）でお分けしています。ホームページよりお問合わせください。

音声再生アプリ
【ASUKALA】

図解　言いたいことを5秒で話せる
日本一やさしい英作文
もくじ　CONTENTS

● **Lesson 4　日にち、時間、場所、天気を英語で書く**

Part 3　日本語と英語の違いを知る

● **Lesson 5　自分のこと、自分の考えを英語で書く**

● **Lesson 6　英語のルールをマスターしてきちんとした英語を書く**

Part 4　いいたいこと、たずねたいことをはっきり伝える

● **Lesson 7　英語で質問する**

● **Lesson 8　時間や場所を英語で書く**

Part 1 英語のきほんのきほんを知る

Lesson 1 自分のことを英語で書く

1 「だれが」「どうする」を書く①
2 「だれが」「どうする」を書く② am、is、are の使い方
3 「だれが」「どうする」を書く③ was、were の使い方（過去）
4 「だれが」「どうする」を書く④
will be、have/has been の使い方（未来、現在完了形）
5 単語の並べ方
6 a、the、複数の s の使い方

Lesson 2 もの、人、動物の説明を英語で書く

1 ものの説明をする
2 「私の〜です。」を書く（所有格）
3 I と me を使い分ける（主格と目的格）
4 ing を使って説明する①（進行形）
5 ing を使って説明する②（形容詞）
6 ふたつの ing を使い分ける
7 過去分詞形の使い方①
8 過去分詞形の使い方②
9 ふたつの過去分詞形を使い分ける

LESSON 1

1 「だれが」「どうする」を書く①

まず英語で「だれが」「どうする」を書いてみましょう。

日本文の中に「どうする」に当たる言葉がない場合は、「だれが」の次に、am・is・areのどれかを書いてから、残りの英語を書くようにします。

また、地名・人名、I（私）、文のはじめの文字は大文字にします。

例題

次の日本文を英文に直してください。
日本文の中に「どうする」に当たる部分がない場合は、I am ＋残りの英語 のパターンを使って英語に直します。

(1)　私は歩く。　(2)　私はいそがしい。
(3)　私はひまです。　(4)　私は走る。

私＝I　歩く＝walk　いそがしい＝busy　ひまな＝free　走る＝run

《答え》
(1)　I walk.　(2)　I am busy.　(3)　I am free.　(4)　I run.

理解を助けるポイント

●「だれが」「どうする」を英語で書く。

動作 は→　①I＋英語
状態 は→　②I am＋英語　であらわします。

●①I＋英語と②I am＋英語　の使いかた。

「どうする」にあたる言葉は、ふたつに分類できます。
①「私が食べる」とき、口が動きます。「私が見る」とき、目が動きます。これらは 動作 です。
②一方「私が食べている」とき、「食べている」のは私なので、私の 状態 をあらわしています。

英作文の練習をしましょう

眠い＝sleepy　眠る＝sleep　お腹がすいている＝hungry　食べる＝eat
のどがかわいている＝thirsty　飲む＝drink　悲しい＝sad　泣く＝cry
うれしい＝happy　笑う＝laugh

(1) 私は眠い。
（状態）

(2) 私は眠る。
どうする（動作）

(3) 私はお腹がすいています。
（状態）

(4) 私は食べる。
どうする（動作）

(5) 私はのどがかわいています。
（状態）

(6) 私は飲む。
どうする（動作）

(7) 私は悲しい。
（状態）

(8) 私は泣く。
どうする（動作）

(9) 私はうれしい。
（状態）

(10) 私は笑う。
どうする（動作）

英語にするときのポイント

日本文に「だれが」「どうする」の「どうする」があるときはⅠ＋英語を、ないときはI am＋英語を使って英語にしてください。

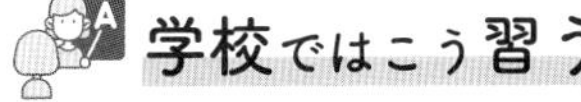

学校ではこう習う

動作をあらわすものを「動詞」、状態をあらわしているものを「形容詞」と習います。

英語らしく読んでみましょう

(1) I am sleepy.
アーィアム スリーピィ

(2) I sleep.
スリープ

(3) I am hungry.
ハングゥリィ

(4) I eat.
イー・

(5) I am thirsty.
さ～スティ

(6) I drink.
ジュリンク

(7) I am sad.
セアッ・

(8) I cry.
クゥラーィ

(9) I am happy.
ヘアッピィ

(10) I laugh.
れァふ

英語らしい発音のコツ

英語には〔æ〕アとエの間の音があります。
この本では、sad〔sæd〕を、セアッ・と書いてあります。
エの口でアというと、〔æ〕の音が出ます。慣れてくれば、エとアを同時にいえるようになります。

LESSON 1

2 「だれが」「どうする」を書く②
am、is、areの使い方

「だれが」「どうする」の「どうする」がなくて、「どうする」が動作ではなく状態のとき、「だれが」の単語によって、am・is・are を使い分けます。

● am, is, are の使い分けのルール

だれが			
I	am	~~is~~	~~are~~
You	~~am~~	~~is~~	are
ほかの1人（1つ）	~~am~~	is	~~are~~
ほかの2人以上（2つ以上）	~~am~~	~~is~~	are

例題

上の説明を参考に、am・is・are を使い分けてみましょう。

⑴ 私の父は背が高い。　My father (　　　) tall.

⑵ 私は背が高い。　I (　　　) tall.

⑶ 私たちは背が高い。　We (　　　) tall.

⑷ 彼らは背が高い。　They (　　　) tall.

⑸ あなたは背が高い。　You (　　　) tall.

⑹ あなたのお兄さんたちは背が高い。　Your brothers (　　　) tall.

《答え》

⑴ is　⑵ am　⑶ are　⑷ are　⑸ are　⑹ are

理解を助けるポイント

「私」と「私の～」、「あなた」と「あなたの～」に注意しましょう。
「私の～」と「あなたの～」のうしろの単語が、1人のときは is、2人以上のときは are を使います。

英作文の練習をしましょう

am, is, are の使い分けには特に注意してください。

のんびりしている = easygoing　社交的な = outgoing　兄たち = brothers
〜も = too　私の = my　私たちの = our　両親 = parents　兄 = brother

(1) 私はのんびりしています。
am

(2) 私の父ものんびりしています。
1人

(3) 私の兄たちものんびりしています。
2人以上

(4) 私たちの両親はのんびりしています。
2人

(5) 私たちの父ものんびりしています。
1人

(6) あなたは社交的です。
are

(7) 私も社交的です。
am

(8) 私の両親も社交的です。
2人

(9) 私たちは社交的です。
2人以上

(10) 私たちの兄も社交的です。
1人

英語にするときのポイント

too「〜も」は、完全な文章を書いてから、一番最後につけます。too の前にコンマ (,) はあってもなくても OK です。

学校ではこう習う

I (私) →1人称、you (あなた) →2人称単数、you (あなたたち) →2人称複数、he (彼) she (彼女) →3人称単数、they (彼ら、彼女たち) →3人称複数、と習います。

英語らしく読んでみましょう

02

(1) I am easygoing.
イーズィゴーゥイン・

(2) My father is easygoing, too.
マーィ ふァーざァ　チュー

(3) My brothers are easygoing, too.
ブゥラざァズ

(4) Our parents are easygoing.
アーゥァ ペアゥレンツ

(5) Our father is easygoing, too.
ふァーざァ

(6) You are outgoing.
アーゥ・ゴーゥイン・

(7) I am outgoing, too.

(8) My parents are outgoing, too.

(9) We are outgoing.
ウィー

(10) Our brother is outgoing, too.

英語らしい発音のコツ

① easy はイージィではなく、イーズィと発音します。
② outgoing を out と going にわけると、t + g はローマ字になりません。このときの t は、飲みこむように発音するためほとんど聞こえません。
③ going の最後の g の音もほとんど発音しません。この本では、ほとんど発音しない音を「・」であらわしています。

LESSON 1

3 「だれが」「どうする」を書く③ was、wereの使い方（過去）

日本文に「だれが」「どうする」の「どうする」がないときは、am、is、areを使いました。では、「だれが」「どうした」（過去の意味）の「どうした」がないときにはどうしたらよいでしょうか。今度はwasとwereを「だれ」の次に置いてから残りの英語を並べます。
「どうした」がある場合は、動作をあらわす単語を置くだけでよいのです。

● **wasとwereの使い分けと共通点**

例題

次の日本文を英文に直してください。「だれが」「どうした」の「どうした」があるかどうか確認してください。

⑴ 私は走った。
⑵ 私はいそがしかった。
⑶ 私の父は走った。
⑷ 私の父はいそがしかった。
⑸ あなたは走った。
⑹ あなたはいそがしかった。

走った＝ran（走る＝run）　いそがしい＝busy

《答え》

⑴ I ran.
⑵ I was busy.
⑶ My father ran.
⑷ My father was busy.
⑸ You ran.
⑹ You were busy.

理解を助けるポイント

「どうした」がないとき
主語がIまたは1人→ am ＋ is → was
主語がYouまたは2人以上→ are → were

英作文の練習をしましょう

トニー君＝Tony　いそがしい＝busy　ひまな＝free　父＝father
私たち＝we　元気な＝fine

(1) 私はいそがしい。
am

(2) 私はいそがしかった。
was

(3) 私の父はひまです。
1人

(4) 私の父はひまだった。
1人

(5) 私たちは元気です。
2人以上

(6) 私たちは元気だった。
2人以上

(7) あなたはいそがしい。
are

(8) あなたはいそがしかった。
were

(9) トニー君は元気です。
1人

(10) トニー君は元気だった。
1人

英語にするときのポイント

人の名前を書くとき、英語では、名字の前に Mr.（男性の場合）をつけます。名前は Mr. をつけずにただ Tony と書きます。

学校ではこう習う

am・is・are は be 動詞の現在形で、「です」と訳す。
was・were は be 動詞の過去形で、「でした」と訳す。
と習います。

英語らしく読んでみましょう

03

(1) I am busy.
ビズィ

(2) I was busy.
ワズ

(3) My father is free.
マーィ ふァーざァ　ふゥリー

(4) My father was free.

(5) We are fine.
ウィー　ふァーィンヌ

(6) We were fine.
ワァ

(7) You are busy.
ユー

(8) You were busy.
ワァ

(9) Tony is fine.
トーゥニィ

(10) Tony was fine.

英語らしい発音のコツ

① busy はビジィではなくて、ビズィと発音しましょう。
② free を発音するときは、下のくちびるをかむようにして f の音をだします。次に軽くウといってからリーといってください。
③ are は口を大きく開けてアー、were は口を小さく開けてア～といいます。

LESSON 1

4 「だれが」「どうする」を書く④ will be、have/has been の使い方（未来、現在完了形）

日本文に「だれが」「どうする」の「どうする」がなくて、

（1） 未来のこと、または推定をあらわしているとき、「だれ」のうしろは will be になります。

（2） 過去から現在まで、ずっと続いていることをあらわしているときは、have been または has been を使います。

● have been と has been の使い分け

I am → I have been　You are → You have been

1人 is → has been　2人以上 are → have been

●これだけは覚えましょう

will be で「〜になるでしょう」をあらわすことがあります。

例題

次の日本文を英文に直してください。

(1) 私はいそがしくなるでしょう。

(2) 私はずっといそがしくしています。

(3) トニー君はいそがしくなるでしょう。

(4) トニー君はずっといそがしくしています。

いそがしい＝busy　トニー君＝Tony

《答え》

(1)　I will be busy.　　(2)　I have been busy.

(3)　Tony will be busy.　　(4)　Tony has been busy.

理解を助けるポイント

「〜でしょう」は未来、または推定をあらわします。

「ずっと〜しています」は過去から現在まで状態が続いていることをあらわしています。

英作文の練習をしましょう

ひまな＝free　いそがしい＝busy　幸せな＝happy　遅れて＝late
父＝father　私たち＝we

(1) 私はひまになるでしょう。
未来または推定

(2) 私はずっとひまなんですよ。
過去から現在

(3) 私の父はひまになるでしょう。
未来または推定

(4) 私の父はずっとひまなんですよ。
過去から現在

(5) 私たちはいそがしくなるでしょう。
未来または推定

(6) 私たちはずっといそがしいですよ。
過去から現在

(7) 私の父は遅(おく)れるでしょう。
未来または推定

(8) あなたは幸せになるでしょう。
未来または推定

(9) あなたはひまになるでしょう。
未来または推定

(10) あなたはいそがしくなるでしょう。
未来または推定

英語にするときのポイント

will be には、2つの意味があります。
①〜でしょう　②〜になるでしょう
どちらの意味をあらわしているかは、そのときの話の流れで決めてください。

学校ではこう習う

① will be は未来、「〜になるでしょう」と訳す。
② This will be your key.「これは君のカギでしょう？」のように、推定をあらわす will be は学校では習わないことが多いようです。

英語らしく読んでみましょう

(1) I will be free.
ウィオビー　ふゥリー

(2) I have been free.
ハヴ　ビン

(3) My father will be free.
ふァーざァ

(4) My father has been free.
ハズ

(5) We will be busy.
ビズィ

(6) We have been busy.

(7) My father will be late.
れーィ・

(8) You will be happy.
ヘァピィ

(9) You will be free.

(10) You will be busy.

英語らしい発音のコツ

① will be はウィるビーではなく、ウィオビーと発音しましょう。
② I have been = I've been アーィヴビン
③ My father has been = My father's been マーィふァざァズビンと読むと英語らしく聞こえます。

5 単語の並べ方

日本語と英語の並べ方の違いをよく理解することが、英作文に強くなる早道です。

●英単語の並べ方

いちばんいいたいことをまず書く ＋
質問していくように単語を並べる ＋
その質問に答える

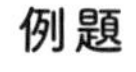

次の日本語を英文に直すときの単語の並べ方を考えてみましょう。

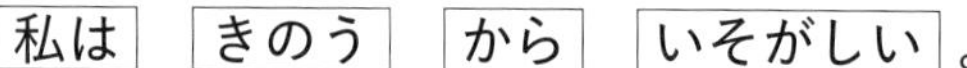
私は　きのう　から　いそがしい 。

から＝since　きのう＝yesterday

(Q)　いちばんいいたいことは何ですか？
(A)　私は　いそがしい 。
(Q)　疑問が生じるには、きのう と から どちらを先に置けばよいですか？
(A)　から
(Q)　〈いつから？〉に対する答えは何ですか？
(A)　きのう
(Q)　「だれが」「どうする」の、「どうする」の部分はありますか？いつのことですか？
(A)　「どうする」はありません。過去から現在のことです。

《答え》
I have been busy since yesterday.
私は　いそがしい　から　きのう

理解を助けるポイント

単語を置く順番は、それだけだと意味がわかりにくい単語を先に置きます。
そうすると、疑問が生まれます。そして、その疑問に答えます。
例題の場合は、から〈いつから？〉きのう となります。

英作文の練習をしましょう

今 = now　いそがしい = busy　きのう = yesterday　明日 = tomorrow
から = since　ひまな = free　毎日 = every day　3日間 = for three days

(1) 私は 今 いそがしいです。(現在)
1 3 2

(2) 私は きのう いそがしかった。(過去)
1 3 2

(3) 私は 明日(あした) いそがしいです。(未来)
1 3 2

(4) 私は きのう から いそがしいんですよ。(過去から現在まで)
1 4 3 2

(5) 私の父は 今 ひまです。(現在)
1 3 2

(6) 私の父は きのう いそがしかったんですよ。(過去)
1 3 2

(7) 私の父は 明日 いそがしいです。(未来)
1 3 2

(8) 私の父は きのう から いそがしくしています。(過去から現在まで)
1 4 3 2

(9) 私たちは 毎日 ひまです。(現在)
1 3 2

(10) 私たちは 3日 間 ひまなんです。(過去から現在まで)
1 4 3 2

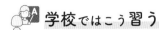

英語にするときのポイント

日本語を分解して英単語の順番を考えます。
「きのうから」→ きのう ＋ から
→ から〈いつから？〉きのう since yesterday
「3日間」→ 3日 ＋ 間
→ 間〈どれぐらいの間？〉3日 for three days

学校ではこう習う

for three days「3日間」は「3日前から」と訳すことが多いようです。

英語らしく読んでみましょう

05

(1) I am busy now.
ビズィ ナーゥ

(2) I was busy yesterday.
いェスタデーィ

(3) I will be busy tomorrow.
ウィオビー トゥマゥローゥ

(4) I have been busy since yesterday.
ハヴ ビン スィンス

(5) My father is free now.
ふァーざァ ふゥリー

(6) My father was busy yesterday.

(7) My father will be busy tomorrow.

(8) My father has been busy since yesterday.
ハズ ビン

(9) We are free every day.
エヴゥリィ デーィ

(10) We have been free for three days.
ふォ すゥリー デーィズ

英語らしい発音のコツ

① yesterday の いェ の音をだす方法。
日本語の イ の位置よりももう少し高いところにベロをおいて、いェ と発音します。

② for は、four (4：ふォー) のように強く発音しないでください。

6 a、the、複数の s の使い方

英作文では、a または an、the、複数をあらわす s の使い方を理解することが大切です。

● a、the、複数の s の使い分け

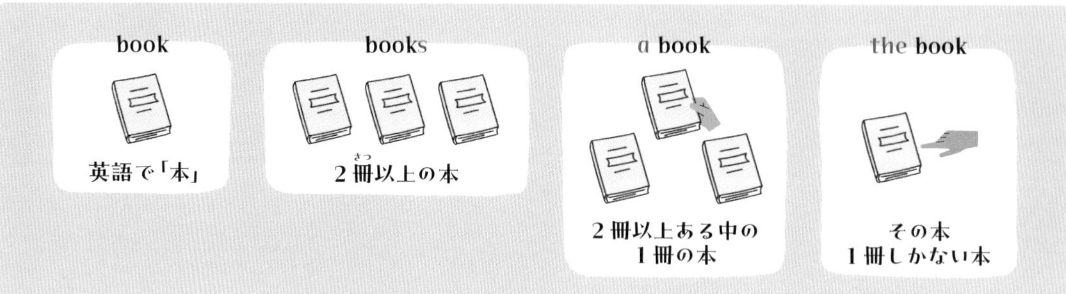

例題

次の例題の「ネコ」を適当な英語に直してみましょう。
a cat、the cat、cats の中から1つ選んでみましょう。

⑴ 私はネコが好きです。

I like ＿＿＿＿＿＿＿＿ .

⑵ これはネコです。

This is ＿＿＿＿＿＿＿＿ .

⑶ これがそのネコです。

This is ＿＿＿＿＿＿＿＿ .

《答え》

⑴ cats　⑵ a cat　⑶ the cat

理解を助けるポイント

「私はネコが好きです。」「私はネコがきらいです。」「私はネコがこわい。」という場合、「ネコ」は「2ひき以上のネコ」をあらわしているので cats になります。

英作文の練習をしましょう

次の日本語を a ＋名詞、the ＋名詞・名詞 s の使い方に注意して英語に直してください。

エンジニア = engineer　秘書 = secretary　妹 = little sister　銀行員 = bank clerk　学生 = student　先生 = teacher　友だち = friend　社長 = company president　の = of　会社 = company　指導教官 = student adviser

(1) 私はエンジニアです。（大勢の中の１人）

(2) 私の妹は秘書です。（大勢の中の１人）

(3) 私たちは銀行員です。（２人以上）

(4) あなたは学生です。（大勢の中の１人）

(5) 私は先生です。（大勢の中の１人）

(6) 私たちは友だちです。（２人以上）

(7) トニー君と私は友だちです。（２人）

(8) 私は社長です。（大勢の中の１人）

(9) 私は ABC の社長です。（１人しかいない人）

(10) 私は指導教官です。（大勢の中の１人）

英語にするときのポイント

「私は ABC の社長です。」を英語に直すときの語順は、
私は社長です ＋ の〈何の？〉ABC . と考えます。

学校ではこう習う

a と an の使い分け
① a ＋子音（しいん）（a、i、u、e、o 以外の音）ではじまる名詞
② an ＋母音（ぼいん）（a、i、u、e、o）ではじまる名詞

英語らしく読んでみましょう

(1) I am an engineer.（アネンヂニア）

(2) My little sister is a secretary.（リロー　スィスタァ　セクゥレテゥリィ）

(3) We are bank clerks.（ベァンク　クら～クス）

(4) You are a student.（ステューデン・）

(5) I am a teacher.

(6) We are friends.（ふゥレンヅ）

(7) Tony and I are friends.（アンダーィ）

(8) I am a company president.（カンプニィ　プゥレズィデン・）

(9) I am the president of ABC.（ざ　エーィビースィー）

(10) I am a student adviser.（アドゥヴァーィザァ）

英語らしい発音のコツ

① an engineer → an⁀engineer とつなげて
アネンヂニア と発音しましょう。
② friends ふゥレンヅ は、ズといわずに ツ に近い音のヅで発音しましょう。

LESSON 2

1 ものの説明をする

名詞（もの）を説明したり、名詞の状態（もののようす）をあらわす英語を書いてみましょう。

●1冊（さつ）の本のとき

これは古い本です。　※名詞（もの）を説明しています。

This is an old book.

この本は古い。

※名詞の状態（もののようす）をあらわしています。

This book is old.

●2冊以上の本のとき

これらは古い本です。These are old books.

これらの本は古い。These books are old.

例題

次の日本語を英文に直してみましょう。

(1)　あれは小さいイヌです。　(2)　あのイヌは小さい。

小さい＝small　イヌ＝dog　あれ、あの＝that

《答え》

(1)　That is a small dog.　(2)　That dog is small.

理解を助けるポイント

this book は「1冊の本」のことなので、複数を示す s はついていません。

these books は「2冊以上の本」をあらわしているので、book に s がついています。

英作文の練習をしましょう

あれ、あの＝that　ビル＝building　高い＝tall　すばらしい＝wonderful
これら、これらの＝these　カメラ＝camera　あれら、あれらの＝those
絵＝picture　高価な＝expensive　かわいい＝pretty　少女＝girl
佐知子さんと安紀子さん＝Sachiko and Akiko

(1) あれは高いビルです。
a＋高いビル

(2) あのビルは高い。
is＋高い

(3) これはすばらしい絵です。
a＋すばらしい絵

(4) この絵はすばらしい。
is＋すばらしい

(5) これらは高価なカメラです。
高価なカメラ＋s

(6) これらのカメラは高価です。
are＋高価な

(7) あれらはすばらしいカメラです。
すばらしいカメラ＋s

(8) あれらのカメラはすばらしい。
are＋すばらしい

(9) 佐知子さんはかわいい少女です。
a＋かわいい少女

(10) 佐知子さんと安紀子さんはかわいい。
are＋かわいい

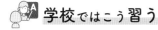

英語にするときのポイント

日本語でいう「ビル」は鉄筋（てっきん）コンクリートで作られた建物をさしますが、英語の building は単に「建物」の意味で使われています。

学校ではこう習う

形容詞は、名詞を説明したり名詞の状態やようすをあらわす、と習います。

英語らしく読んでみましょう

07

(1) That is a tall building.
トーオ ビオディン・

(2) That building is tall.
ぜァッ・ ビオディン・

(3) This is a wonderful picture.
ワンダふォ

(4) This picture is wonderful.
ピクチァア　ワンダふォー

(5) These are expensive cameras.
イクスペンスィヴ　キャムゥラズ

(6) These cameras are expensive.
ずィーズ

(7) Those are wonderful cameras.
ぞーゥズ

(8) Those cameras are wonderful.
キャムゥラザァ

(9) Sachiko is a pretty girl.
プゥリリィ ガ～オ

(10) Sachiko and Akiko are pretty.
プゥリリィ

英語らしい発音のコツ

① building、wonderful、girl は l のうしろに母音（a・i・u・e・o）がないので、オ の発音になります。
② pretty イギリスでは プゥリティ、アメリカでは プゥリリ と発音されます。

LESSON 2

2 「私の～です。」を書く（所有格）

●名詞のかわりに使う言葉を覚えましょう

私の	my マーィ	私のもの	mine マーィンヌ
あなたの	your ヨア	あなたのもの	yours ヨアズ
彼の	his ヒズ	彼のもの	his ヒズ
彼女の	her ハァ	彼女のもの	hers ハァズ
私たちの	our アーゥア	私たちのもの	ours アーゥァズ
彼らの	their ぜア	彼らのもの	theirs ぜアズ
彼女たちの	their ぜア	彼女たちのもの	theirs ぜアズ

《例》

(a) これは私のペンです。　This is my pen.
(b) このペンは私のものです。　This pen is mine.
(c) 私のペン（1本）は安い。　My pen is inexpensive.
(d) 私のペン（2本以上）は安い。　My pens are inexpensive.

（発音）安い inexpensive イニクスペンスィヴ

次の日本文を英文に直してみましょう。

(1) 私の名前は山嵜（やまさき）礼子です。
(2) 礼子山嵜は彼女のペンネームです。

名前＝name　ペンネーム＝pen name

《答え》

(1) My name is Reiko Yamasaki.　(2) Reiko Yamasaki is her pen name.

理解を助けるポイント

your、her、our、their「～の」に s をつけると「～のもの」をあらわせます。
yours、hers、ours、theirs「～のもの」

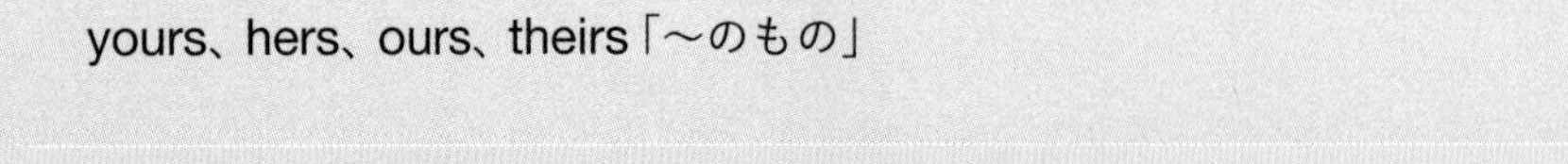

英作文の練習をしましょう

私のものであるもの＝ what's mine　～もまた＝ too（p.9 参照）
おごり＝ treat　川端佐知子先生＝ Ms. Sachiko Kawabata
担任＝ homeroom teacher　車＝ car　こちら＝ this　彼氏＝ boyfriend
名前＝ name　二十歳＝ twenty years old

(1) 私のものは私のもの。（私のものであるものは私のもの。）
what's mine　is ＋私のもの

(2) あなたのものはあなたのもの。（あなたのものであるものはあなたのもの。）
what's yours　is ＋あなたのもの

(3) あなたのものも私のもの。（あなたのものであるものも私のもの。）
what's yours　is ＋私のもの

(4) これは私のおごりですよ。
is ＋私のおごり

(5) 川端佐知子先生は君たちの担任ですよ。
is ＋君たちの担任

(6) あれは私たちの車です。
is ＋私たちの車

(7) あの車は私たちのものです。
is ＋私たちのもの

(8) こちらは私の彼氏です。
is ＋私の彼氏

(9) 彼の名前はトニーです。
is ＋トニー

(10) 彼は二十歳（はたち）です。
is ＋二十歳

英語にするときのポイント

「私のものは私のもの。」→ 私のものであるもの は ＋ 私のもの と分解して、what's mine is ＋ 私のもの 、となります。

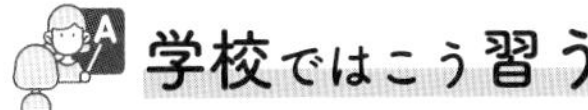

学校ではこう習う

① my は I の所有格です。
② mine は I の所有代名詞です。
③名詞のかわりに使う単語を代名詞といいます。

英語らしく読んでみましょう

(1) **What's mine is mine.**
ワッツ　マーィニズ

(2) **What's yours is yours.**
ヨアズ

(3) **What's yours is mine, too.**

(4) **This is my treat.**
チュゥリー・

(5) **Ms. Sachiko Kawabata is your homeroom teacher.**
ホーゥムゥルーム　ティーチァア

(6) **That is our car.**
カー

(7) **That car is ours.**
ぜァッ・カー

(8) **This is my boyfriend.**
ボーィふゥレン・

(9) **His name is Tony.**
ネーィム　トーゥニィ

(10) **He is twenty years old.**
チュウェンティ いヤァズ オーゥオドゥ

英語らしい発音のコツ

boy は ボーィ、name は ネーィム、Tony は トーゥニィ、old は オーゥオドゥ のように発音します。
発音記号では〔ɔi〕＝オーィ〔ei〕＝エーィ〔ou〕＝オーゥと、はじめの母音を長く発音し、2つ目の母音を軽くつけ加えます。

3 I と me を使い分ける（主格と目的格）

●名詞のかわりに使う次の単語をマスターしましょう

私（は、が）	I アーィ
あなた（は、が）	you ユー
彼（は、が）	he ヒー
彼女（は、が）	she シー
私たち（は、が）	we ウィー
彼ら（は、が）	they ぜーィ
彼女たち（は、が）	they ぜーィ
それ（は、が）	it イッ・

私（を、に）	me ミー
あなた（を、に）	you ユー
彼（を、に）	him ヒム
彼女（を、に）	her ハァ
私たち（を、に）	us アス
彼ら（を、に）	them ぜム
彼女たち（を、に）	them ぜム
それ（を、に）	it イッ・

●ここを間違える

《I と me を使うときの注意》

上の表では、I「私は、私が」me「私を、私に」と日本語訳がありますが、日本語訳が英語に当てはまらないこともあります。日本語では「私を」の意味でも「私が」を使うことがあります。「〜が」という日本文があったら、「〜を」に置きかえられるかどうか試してから、英語にしてください。

次の日本語を英文に直してください。

⑴　トニー君は私のことが好きです。　　⑵　私があなたの家庭教師です。

を好きです = likes　家庭教師 = tutor

《答え》

⑴　Tony likes me.　⑵　I am your tutor.

理解を助けるポイント

●I と me の使い分け

英語を話すときは、文章のはじめにくる「私」は I、文章の最後の方にくる「私」は me を使う、と覚えておくとよいでしょう。

ただし電話の受けこたえのときは、It's me.「はい、私です。」となります。

英作文の練習をしましょう

こちら＝this　日本人の＝Japanese　それ＝it　～を好きです＝like
トニー君＝Tony　～を知っています＝know

(1) 私は私。（書き言葉）
am + I

(2) 私は私。（話し言葉）
am + me

(3) あなたはあなた。
are + you

(4) （それは）私です。（話し言葉）（戸口でWho is it?「どなたですか？」と聞かれた場合の受けこたえ）
is + me

(5) （こちらは）彼ですよ。（電話での受けこたえで「私です。」といいたい場合）
is + he

(6) （こちらは）彼女ですよ。（電話での受けこたえで「私です。」といいたい場合）
is + she

(7) 私は日本人です。
am + 日本人の

(8) 私たちは日本人です。
are + 日本人の

(9) 私はそれが好きです。
like + それを

(10) トニー君は私たちを知っています。
knows + 私たちを

英語にするときのポイント

① 「私は日本人です。」は、am +「日本人の」で英語に直すことができます。

② 電話の受けこたえで、「私です。」といいたい場合、女性ならばshe、男性ならばheを使います。

例：①「ジュディーさんですか？」「はい、私です（彼女です）。」
　　②「トニーさんですか？」「はい、私です（彼です）。」

学校ではこう習う

I「私は、私が」は主格（しゅかく）、me「私を、私に」は目的格、と習います。

英語らしく読んでみましょう

 09

(1) I am I.
アーィ

(2) I am me.
ミー

(3) You are you.
ユー

(4) It's me. = It is me.
イッツ

(5) This is he.
ずィスィズ　ヒー

(6) This is she.
シー

(7) I am Japanese.
ヂェァパニーズ

(8) We are Japanese.
ウィー

(9) I like it.
らーィキッ・

(10) Tony knows us.
トーゥニィ ノーゥザス

英語らしい発音のコツ

英語は音をくっつけて発音します。
like + it → らーィク＋イットゥ は らーィキッ・
knows us → ノーゥズ＋アス は ノーゥザス と発音されます。

4 ingを使って説明する①（進行形）

動作をあらわす動詞にingをつけると、状態（ようす）をあらわす単語（形容詞）になります。

●状態をあらわす単語の使い方

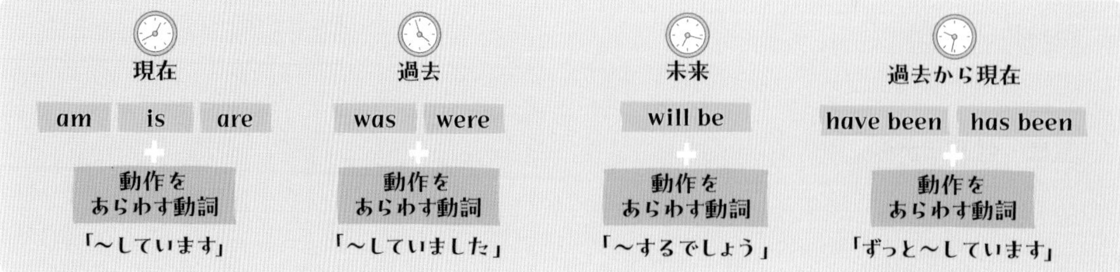

例題

次の日本文を英語に直してみましょう。

(1) 私は今勉強しています。

(2) 私はそのとき勉強していました。

(3) 私は3時間勉強しています。

HINT

今＝now　勉強している＝studying　そのとき＝then
3時間＝for three hours

《答え》

(1) I am studying now.　(2) I was studying then.

(3) I have been studying for three hours.

理解を助けるポイント

現在	I am	You are	1人 is	2人以上 are
過去	I was	You were	1人 was	2人以上 were
今までずっと	I have been	You have been	1人 has been	2人以上 have been

英作文の練習をしましょう

今＝now　見ている＝watching　テレビ＝television　7時頃＝around seven　から＝since　今朝＝this morning　寝ている＝sleeping　父＝dad　明日も＝tomorrow, too　その電話＝the telephone　鳴っている＝ringing

(1) （私は）　今　テレビ　を見ています。
1 4 3 2

(2) （私は）　7時頃　テレビ　を見ていました。
1 4 3 2

(3) 私は　今朝　から（ずっと）テレビ　を見ています。
1 5 4 3 2

(4) 父は　今　寝ています。
1 3 2

(5) 父は　7時頃　寝ていました。
1 3 2

(6) 父は　今朝　から　（ずっと）　寝ています。
1 4 3 2

(7) 電話が　鳴っています。
1 2

(8) 電話が　7時頃　鳴っていました。
1 3 2

(9) 電話が　今朝　から　鳴りっぱなしですよ。
1 4 3 2

(10) 明日（あした）　も　電話が　鳴っているでしょう。
3 4 1 2

英語らしく読んでみましょう

(1) I am watching (ウォッチン・) television (テれヴィジュン) now.

(2) I was (ワズ) watching television around seven (アゥラーゥン・セヴンヌ).

(3) I have been (ハヴ ビン) watching television since this morning (スィンス ずィス モーニン・).

(4) Dad is sleeping (デァッディズ スリーピン・) now.

(5) Dad was sleeping around seven.

(6) Dad has (ハズ) been sleeping since this morning.

(7) The telephone is ringing (テりふォーゥニズ ゥリンギン・).

(8) The telephone was ringing around seven.

(9) The telephone has been ringing since this morning.

(10) The telephone will be (ウィオ ビー) ringing tomorrow (トゥマゥローゥ), too.

英語にするときのポイント

「私は今朝からテレビを見ています。」を分解して英語の語順にしてみましょう。［私は］［今朝］［から］［テレビ］［を見ています］
→［私は］［見ています］〈何を？〉［テレビ］
［から］〈いつから？〉［今朝］

学校ではこう習う

最近の英語の教科書では短縮形を使うことが多いようです。
television → TV ティーヴィー
telephone → phone ふォーゥンヌ
bicycle バーイスィコー → bike バーィク

英語らしい発音のコツ

① watching ウォッチン・、sleeping スリーピン・、ringing ゥリンギン・ ing のグの音は鼻から音を抜くように発音するので、ほとんど聞こえません。

② have been はヴビン、has been はズビンのように ha が聞こえないように発音すると英語らしく聞こえます。

LESSON 2

5 ingを使って説明する②（形容詞）

動作をあらわす単語（動詞）にingをつけると、状態をあらわす単語（形容詞）になります。これは、名詞をくわしく説明するときに使います。

●状態をあらわす単語の使い方●

（走っている）あの少年 のようにひとかたまりで説明しているときは、that（単語）boy のパターンを使って、that (running) boy とします。

●ここを間違える●

「（走っている）少年」1人の場合と、2人以上の場合で形が違います。

少年が1人の場合→ a boy → a running boy

少年が2人以上の場合→ boys → running boys

例題

次の日本語を英語に直してください。

⑴ この寝ているネコ

⑵ この寝ているネコは2歳です。

HINT

この = this　寝ている = sleeping　ネコ = cat　2歳 = two years old

《答え》

⑴ this sleeping cat　⑵ This sleeping cat is two years old.

理解を助けるポイント

「2歳です」の日本語には、「どうする」に当たる部分がありません。

そのときは、

is ＋ 2歳 の語順で英語に直します。

英作文の練習をしましょう

あの＝that　(1ぴきの)ネコ＝cat　小さくてかわいい＝little　あれら＝those　(2ひき以上の)ネコ＝cats　寝ている＝sleeping　泳いでいる＝swimming　(1ぴきの)イヌ＝dog

(1) 寝ているあのネコ
あの（1単語）ネコ

(2) 寝ているあのネコは小さくてかわいい。
is＋小さくてかわいい

(3) 寝ているあれらのネコ
あれらの（1単語）ネコ

(4) 寝ているあれらのネコは小さくてかわいい。
are＋小さくてかわいい

(5) あのネコは寝ています。
is＋寝ている

(6) あの泳いでいるイヌ
あの（1単語）イヌ

(7) あの泳いでいるイヌは小さくてかわいい。
is＋小さくてかわいい

(8) あの小さくてかわいいイヌは泳いでいます。
is＋泳いでいる

(9) 泳いでいるあのイヌはレックス（Rex）です。
あの（1単語）イヌ

(10) あの泳いでいるイヌはレックス（Rex）です。
あの（1単語）イヌ

英語らしく読んでみましょう

(1) that sleeping cat
ぜァッ・スリーピン・　キャッ・

(2) That sleeping cat is little.
リロー

(3) those sleeping cats
ぞーゥズ　キャッツ

(4) Those sleeping cats are little.
キャッツァー

(5) That cat is sleeping.
ぜァッ・キャッティズ

(6) that swimming dog
スウィミン・　ドーッグ

(7) That swimming dog is little.
ドーッギズ

(8) That little dog is swimming.

(9) That swimming dog is Rex.
ゥレックス

(10) That swimming dog is Rex.

英語にするときのポイント

①「(泳いでいる) あのイヌ」、「あの（泳いでいる）イヌ」どちらも「あのイヌ」をひとかたまりの単語で説明しているので、that（単語）dog のパターンに当てはめられます。答えはどちらも that [swimming] dog です。

②下線の部分に「どうする」がない場合は、is ＋ 英単語 で英語に直します。

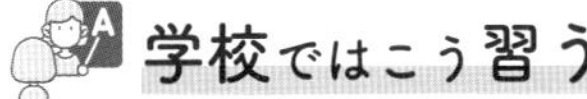

学校ではこう習う

① am、is、areなどを「be動詞」といいます。

② be動詞＋動詞のing形 を「進行形」といいます。

英語らしい発音のコツ

① that sleeping の t と s はローマ字にならないので、t を飲みこんで発音します。t はほとんど発音しません。

② little はイギリス英語ではりトー、アメリカ英語ではりローと発音します。

LESSON 2

6 ふたつのingを使い分ける

動詞のing形を使って名詞を説明するときは、ふたつのパターンがあります。

〈1〉完全な英文（大文字で始まってピリオド（.）で終わる文）

「あの少年は英語を話しています。」

That boy is speaking English.

〈2〉ひとつのかたまり

「英語を話しているあの少年」

that boy speaking English

●〈1〉と〈2〉を見分ける方法

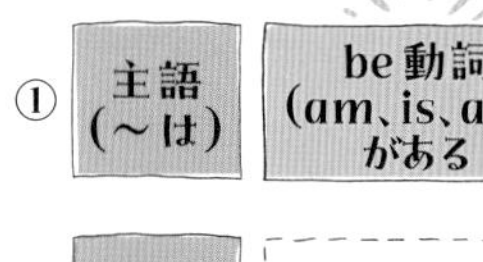

①	主語（～は）	be動詞（am、is、are）がある	動詞のing形（～している）	⇨ 完全な英文「～は…しています」
②	主語（～は）	be動詞がない	動詞のing形（～している）	⇨ 前の名詞を説明しているひとつのかたまり「…している～」

例題

次の日本語を英語に直してください。

(1) 由美子さんはピアノをひいています。

____________________________（完全な文）

(2) ピアノをひいている由美子さん

____________________________（ひとつのかたまり）

《答え》

(1) Yumiko is playing the piano.　(2) Yumiko playing the piano

理解を助けるポイント

動詞のing形が英文にでてきたら、前にbe動詞があるかないかをすぐにたしかめます。be動詞があれば普通の文章だと考えて読み進めます。

be動詞がなければ名詞の説明だと考えて、ひとつのかたまりとして理解してください。

英作文の練習をしましょう

少女＝girl　（それらの）花＝the flowers　水をやっている＝watering
（2枚以上の）写真＝pictures　～を撮っている＝taking
～を知っている＝know　寝ている＝sleeping　あそこで＝over there

⑴ あの少女は（1）　花（3）　に水をやっています。（2）

⑵ 花（3）　に水をやっている（2）　あの少女（1）

⑶ 花（3）　に水をやっている（2）　あの少女は（1）　礼子さんです。（4 is＋礼子）

⑷ 私は（1）　花（5）　に水をやっている（4）　あの少女（3）　を知っています。（2）

⑸ あの少女は（1）　写真（3）　を撮っています。（2）

⑹ 写真（3）　を撮っている（2）　あの少女（1）

⑺ 写真（3）　を撮っている（2）　あの少女は（1）　礼子さんです。（4 is＋礼子）

⑻ 私は（1）　写真（5）　を撮っている（4）　あの少女（3）　を知っています。（2）

⑼ 寝ている（2）　あの（1）　少女（3）

⑽ あそこで（3）　寝ている（2）　あの少女（1）

英語にするときのポイント

「泳いでいる あの少年」
that ＋(1単語)＋ boy → that swimming boy
「あそこで 泳いでいる あの少年」
that boy ＋(2単語以上) →
that boy swimming over there

学校ではこう習う

学校では water は「水」と習います。ここでは「水をやる」という意味（動詞）で使っています。英語では、名詞と動詞の両方の意味を持っている単語が多いようです。

英語らしく読んでみましょう

⑴ That girl is watering the flowers.
（ガ～リズ　ウォータァウリン・　ふらーゥァズ）

⑵ that girl watering the flowers

⑶ That girl watering the flowers is Reiko.
下線のところを一気に読みましょう。

⑷ I know that girl watering the flowers.
（ノーゥ）

⑸ That girl is taking pictures.
（テーィーキン・ピクチァァズ）

⑹ that girl taking pictures
（ぜァッ・ガ～オ）

⑺ That girl taking pictures is Reiko.
下線のところを一気に読みましょう。

⑻ I know that girl taking pictures.

⑼ that sleeping girl
（スリーピン・　ガ～オ）

⑽ that girl sleeping over there
（オーゥヴァ ぜァァ）

英語らしい発音のコツ

That girl watering the flowers ポーズ is Reiko. のように主語（～は）の部分が長いときは、動詞または be 動詞の前で一度ポーズ（休み）をとりましょう。

LESSON 2

LESSON 2

7 過去分詞形の使い方①

動作をあらわす単語（動詞）は変化します。

動詞の変化には、過去形、現在分詞形（～ ing）、過去分詞形があります。英語でいちばん大切なのは動詞の変化を覚えることです。ここでは過去分詞形について考えてみることにします。

〈1〉過去分詞形は日本語の「～される、～された」をあらわす表現です。
〈2〉過去分詞形は動詞の変化のひとつですが、形容詞と同じ使い方をします。
〈3〉過去分詞形の使い方のルール

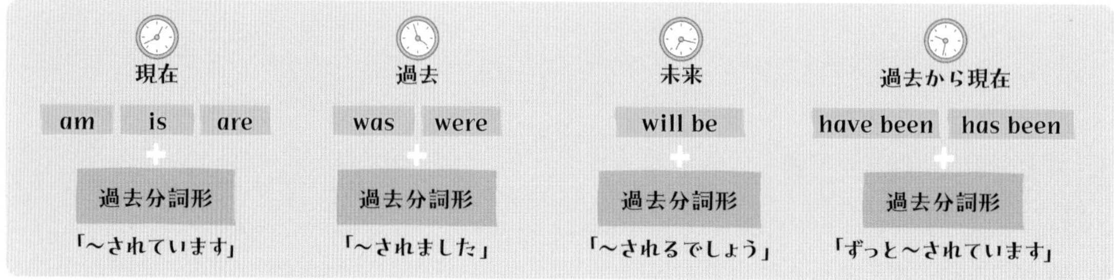

例題

次の日本文を英文に直してください。

(1) その本は英語で書かれています。
(2) その本は英語で書かれていました。

その＝the　で＝in　英語＝English　書かれている（過去分詞形）＝written

《答え》

(1) The book is written in English.　(2) The book was written in English.

理解を助けるポイント

日本語を分解して英語に直しましょう。

[その本は書かれています] ＋ [で]〈何で？〉[英語]

英作文の練習をしましょう

選ばれる＝elected（過去分詞形）　ミスターアメリカ＝Mr. America
総理大臣＝Prime Minister　呼ばれている（過去分詞形）＝called
ニックネームで呼ばれる（過去分詞形）＝nicknamed　キューティー＝Cutie
自転車＝bike　配達される（過去分詞形）＝delivered　きのう＝yesterday
壊れている（過去分詞形）＝broken　ヘアドライヤー＝hair drier
～から（今まで）＝since　～によって＝by　もうすぐ＝soon

(1) 私は(1)　“ミスターアメリカ”(3)　に選ばれました。(2 was＋選ばれる)

(2) あなたは(1)　総理大臣(3)　に選ばれるでしょう。(2 will be＋選ばれる)

(3) あのネコは(1)　“クロ”(3)　と呼ばれているんですよ。(2 is＋呼ばれている)

(4) 佐知子さんは(1)“キューティー”(3)というニックネームで呼ばれています。(2 is＋ニックネームで呼ばれている)

(5) この自転車は(1)　きのう(3)　配達されました。(2 was＋配達される)

(6) あなたの自転車は(1)　もうすぐ(3)　配達されますよ。(2 will be＋配達される)

(7) このヘアードライヤーは(1)　壊(こわ)れていますよ。(2 is＋壊れている)

(8) あなたのヘアードライヤーは(1)　きのう(3)　壊れていましたよ。(2 was＋壊れている)

(9) このヘアードライヤーは(1)　きのう(4)　から(3)　壊れていますよ。(2 has been＋壊れている)

(10) あなたのヘアードライヤーは(1)　トニー(4)　に(3)　壊されたんだよ。(2 was＋壊される)

英語にするときのポイント

broken には「壊される」の意味と、「壊れている」の意味があります。

学校ではこう習う

be 動詞＋過去分詞形 は「受け身」または「受動態(じゅどうたい)」と習います。

英語らしく読んでみましょう

(1) I was elected (イれクティッ・) “Mr. America.” (ミスタァアメゥリカ)

(2) You will be elected Prime Minister. (ウィオビー　プゥラーィム　ミニスタァ)

(3) That cat is called “Kuro.” (コーオ・)

(4) Sachiko is nicknamed “Cutie.” (ニックネーィム・　キューティ)

(5) This bike was delivered yesterday. (バーィク　ディリヴァ・　いェスタデーィ)

(6) Your bike will be delivered soon. (スーンヌ)

(7) This hair drier is broken. (ヘアァジュラーィアァ　ブゥローゥクンヌ)

(8) Your hair drier was broken yesterday.

(9) This hair drier has been broken since yesterday. (スィンス)

(10) Your hair drier was broken by Tony. (バーィ　トーゥニィ)

英語らしい発音のコツ

① bike はバーとのばして軽くイをつけ、息だけでクといいましょう。
② drier はジュラーィアァと発音すると英語らしく聞こえます。

8 過去分詞形の使い方②

動詞の過去分詞形は、「～された」「～されている」の意味で、名詞をくわしく説明するときに使うことができます。

●過去分詞形の使い方のルール

名詞を1単語で説明している場合は、次のようになります。

(壊(こわ)れている) この机 = この (壊れている) 机

this 〔単語〕 desk → this 〔broken〕 desk

●ここを間違える

1脚(きゃく)のとき、2脚以上のときで形が違います。

壊れている机 (1脚の場合)

a broken desk

壊れている机 (2脚以上の場合)

broken desks

例題

次の日本文を英文に直してください。

あの壊れている車はとても古い。

HINT

車 = car　とても古い = very old

《答え》

That broken car is very old.

理解を助けるポイント

broken には「壊された」の意味の他に、「壊れた、折れた、故障した、割れた、破壊(はかい)された、かたことの」などの意味があります。

英作文の練習をしましょう

使用済の = used　100 ドル = 100 dollars　花びん = vase　新品の = brand-new　ラジオ = radio　英語 = English　話す = speaks　かたことの = broken　油で揚げられた = deep-fried　チキン = chicken　おいしい = good　暖房が入れられている = heated　部屋 = room　快適な = comfortable　サラリーマン = salaried worker　話されている = spoken　書かれている = written　やさしい = easy　むずかしい = hard　救助された = rescued

(1) この中古の自転車は 10 ドルですよ。
この＋使用済の＋自転車

(2) この壊れた花びんは 10 ドルだったんですよ。
この＋割れた＋花びん

(3) この故障したラジオは新品ですよ。
この＋故障した＋ラジオ

(4) 幸代さんはかたことの英語を話します。
かたことの＋英語

(5) このフライドチキンはおいしい。
この＋油で揚げられた＋チキン

(6) この暖房が入った部屋はとても快適です。
この＋暖房が入れられた＋部屋

(7) 私の父はサラリーマンです。
a＋給料を与えられた＋worker

(8) 話し言葉の英語はやさしい。
話されている＋英語

(9) 書き言葉の英語はむずかしい。
書かれている＋英語

(10) 救助されたあの少女は斉藤慶子さんです。
あの＋救助された＋少女

英語にするときのポイント

サラリーマンは普通、an office worker といいます。ここではあえて、salary（サラリーを与える）の過去分詞形 salaried（給料を与えられた）を使っています。

学校ではこう習う

動詞の過去分詞形は形容詞の働きをします。形容詞は名詞のようすや状態をくわしく説明するときに使います。

英語らしく読んでみましょう

(1) This used bike is ten dollars.
ユーズ・　ドらァズ

(2) This broken vase was ten dollars.
ブゥローゥクン　ヴェーィス　ワズ

(3) This broken radio is brand-new.
ウレーィディオーゥ　ブゥレァン・ニュー

(4) Sachiyo speaks broken English.
スピークス　ブゥローゥク　ニングリッシ

(5) This deep-fried chicken is good.
ディープ　ふゥラーィ・チキニズ　グッ・

(6) This heated room is very comfortable.
ヒーティッ・ウルーム　ヴェゥリィ　カンふァタボー

(7) My father is a salaried worker.
ふァーざァ　セァらゥリー・　ワ〜カァ

(8) Spoken English is easy.
スポーゥクニングリッシ　イーズィ

(9) Written English is hard.
ウリトゥニングリッシ　ハー・

(10) That rescued girl is Keiko Saito.
ウレスキュー・　ガ〜オ

英語らしい発音のコツ

① ble で終わる単語はボーと発音します。
② easy はイージィではなくて、イーズィと発音します。
③ girl はガ〜るではなくて、小さい口でガ〜といってからオをつけ加えます。

LESSON 2

9 ふたつの過去分詞形を使い分ける

動詞の過去分詞形を使って名詞を説明するときには、ふたつのパターンがあります。

〈1〉完全な文

「英語はアメリカで話されてます。」

English is spoken in America.

〈2〉ひとつのかたまり

「アメリカで話されている英語」

English spoken in America

〈1〉と〈2〉を見分ける方法

① 動詞の過去分詞形の前に be 動詞（am、is、are など）があれば〈1〉の完全な英文です。

② be 動詞がなければ前の名詞を説明している〈2〉のひとつのかたまりになります。

例題

次の日本語を英語に直してください。

(1)　1ぴきのネズミがあのネコにつかまえられた。

(2)　あのネコにつかまえられた1ぴきのネズミ

HINT

はつかネズミ = mouse　つかまえられた = caught

《答え》

(1)　A mouse was caught by that cat.　(2)　a mouse caught by that cat

POINT

理解を助けるポイント

動詞の過去分詞形が英文に出てきたら、前に be 動詞があるかを確認します。be 動詞があれば普通の文章だと考えて読み進めます。be 動詞がなければ、名詞の説明だと考えて、ひとつのかたまりとして読みます。

英作文の練習をしましょう

絵、写真＝picture　～によって＝by　描かれた＝drawn
すばらしい＝wonderful　撮影された＝taken　～が大好きです＝love
贈られた＝awarded　金賞＝(the) first prize　作られた＝made
～で＝in　中国＝China　腕時計＝watch　とても安い＝very inexpensive

(1) この絵は(1)　慎太郎君(4)　によって(3)　描(か)かれたんですよ。(2 was＋描かれた)

(2) 慎太郎君(4)　によって(3)　描かれた(2)　この絵(1)

(3) 慎太郎君(4)　によって(3)　描かれた(2)　この絵は(1)　すばらしいです。(5 is＋すばらしい)

(4) 私は(1)　慎太郎君(6)　によって(5)　描かれた(4)　この絵(3)　が大好きです。(2)

(5) この写真は(1)　中山清さん(4)　によって(3)　撮影(さつえい)されました。(2 was＋撮影された)

(6) 中山清さん(4)　によって(3)　撮影された(2)　この写真(1)

(7) 中山清さん(4)　によって(3)　撮影された(2)　この写真に(1)　金賞が(6)　与えられました。(5 was＋与えられた)

(8) 私は(1)　中山清さん(6)　によって(5)　撮影された(4)　この写真(3)　が大好きです。(2)

(9) この腕時計は(1)　中国(4)　で(3)　作られました。(2 was＋作られた)（中国製です。）

(10) 中国製の(2)　この腕時計は(1)　とても安かったんですよ。(3 was＋とても安い)

英語らしく読んでみましょう

15

(1) This picture was drawn by Shintaro.
（ピクチァア　ジュローン　バーィ）

(2) this picture drawn by Shintaro

(3) This picture drawn by Shintaro is wonderful.
下線の部分を一気に読みます。

(4) I love this picture drawn by Shintaro.
（らヴ）下線を一気に読んでください。

(5) This picture was taken by Kiyoshi Nakayama.
（テーィクン）

(6) this picture taken by Kiyoshi Nakayama

(7) This picture taken by Kiyoshi Nakayama was awarded first prize.
下線の部分を一気に読みます。
（アウォーディ・ふァ～ス・プゥラーィズ）

(8) I love this picture taken by Kiyoshi Nakayama.
（らヴ）下線を一気に読みます。

(9) This watch was made in China.
（ワッチ　メーィディン　チァーィナ）

(10) This watch made in China was very inexpensive.
下線の部分を一気に読みます。
（イニクスペンスィヴ）

英語にするときのポイント

「慎太郎君によって描かれたこの絵 はすばらしい。」を英語に直すときは、かたまりの部分を A として日本語を省略します。「A はすばらしい。」を英語にすると、A is wonderful.
このあとで A の部分を英語に直せば簡単です。

学校ではこう習う

① picture は「絵」と「写真」の両方の意味があります。
② be 動詞 ＋ 過去分詞形 のパターンを「受け身」または「受動態(じゅどうたい)」と習います。

英語らしい発音のコツ

① 主語（～は）の部分が長いときは、一気に読んで次の be 動詞の前で少しポーズ（休み）を入れます。
例：This picture drawn by Shintaro ポーズ is wonderful.
② 名詞の説明がうしろに続くときは、名詞のうしろで少しポーズ（休み）を入れることもあります。
例：I love this picture ポーズ taken by Kiyoshi Nakayama.

COLUMN 1
コラム

英文法は なにからはじめたらいいの？①

英語を学ぶとき、いったいどこから手をつけてよいのか
迷ってしまうことがあるかと思います。
優先して覚えるべき15個のうち8個を、ここでは紹介します。

1 不規則動詞変化表を完全に覚える。

2 動詞には決まったパターンがあるので、1つずつその動詞の使い方がよくわかる、できるだけ短い例文を丸暗記する。

3 動詞には次の3パターンがある。
(a) 動詞 + to + 動詞
(b) 動詞 + ing
(c) 動詞 + to + 動詞
+ 動詞 + ing　のどちらでもよい

4 前置詞 in、on、at、with などの使い方を覚える。

5 前置詞の次に動詞がくるときは、かならず動詞の ing 形になる。

6 名詞には、数えられる名詞と数えられない名詞がある。
数えられない名詞には、a や s をつけることはできない。

7 数えられない名詞を数えたいときは、容器に入れて数えることができる。

a cup of coffee
（カップ1杯のコーヒー）
a glass of water
（コップ1杯の水）

つめたいのみものには glass、
あついのみものには cup を使う。

数えられない

数えられる

a cup of coffee

a glass of water

8 2つで一対のものは、pair を使って数える。
a pair of pants（1本のズボン）

基本はおさえられたでしょうか？
残りの7個は次のコラムで紹介します。

いろいろな文を作ってみる

Lesson 3
英語の数え方・ルールを知る

1　数えられる名詞、数えられない名詞①
2　数えられる名詞、数えられない名詞②
3　数えられない名詞の表現
4「どこどこになになにがある。」There is/are ～. ①
5「どこどこになになにがある。」There is/are ～. ②
6　There is/are ～. の使い方③　応用

Lesson 4
日にち、時間、場所、天気を英語で書く

1「だれが」がない場合の英作文　It ～. の使い方
2　きのう、今日、明日（あした）　名詞と副詞の使い方①
3「東京は～です。」　名詞と副詞の使い方②

LESSON 3

1 数えられる名詞、数えられない名詞①

名詞には数えられる名詞と数えられない名詞があります。

●数えられる名詞

目で見ることができて、指で数えられる名詞。

1ぴきのイヌ　a dog ドォーッグ

2ひき以上のイヌ　dogs ドーッグズ

●数えられない名詞

〈1〉あまりにもたくさんありすぎて数えられない名詞。通常、イメージでとらえられる名詞。ただし、数えられる範囲では数えることもあります。

例：黒い髪　black hair ブれァックヘア

1本の髪の毛　a hair

〈2〉容器に入れないと数えられない名詞。この場合も容器に入っていない場合は、イメージでとらえられる名詞。

例：コップ1杯の水

a glass of water ア　グれァサヴウォータァ

コップ2杯の水

two glasses of water チューグれァスィズ　オヴ　ウォータァ

たくさんのコップに入っている水

many glasses of water メニグれァスィズ　オヴ　ウォータァ

いくらかの量の水　some water スム　ウォータァ

たくさんの量の水　much water マッチ　ウォータァ

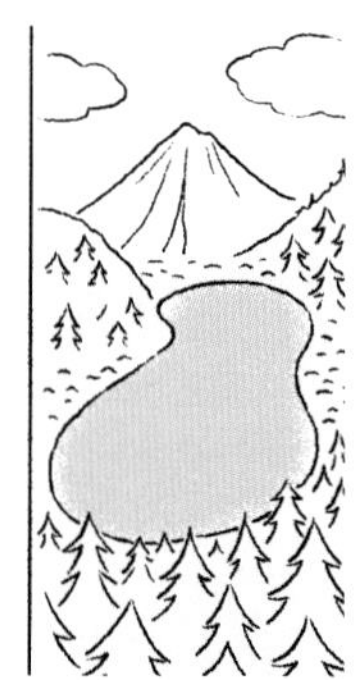

〈3〉イメージに浮かべることができる名詞。

たまに数えられる名詞として使われることもあります。

例：学校　school スクーオ　1つの学校　a school

理解を助けるポイント

①「学校へ行く」は go to school といいます。この場合の school は、一般的な学校は勉強するところというイメージです。

②「その学校へ行く」といいたい場合は、go to the school といいます。これは、勉強以外の目的で学校へ行く場合です。

英作文の練習をしましょう

〜を飼っている、〜を持っている＝has　〜が好きです＝likes
多い髪の毛＝thick hair　少ない髪の毛＝thin hair　〜を見つけました＝found
〜の中に＝in　このスープ＝this soup　白髪＝white hair
〜を抜いた＝pulled out　私たちの町＝our town
〜がある、〜を持っている＝has　私はもらいます＝I'll have

⑴ 由美子さんは[1]　イヌを１ぴき[3]　飼(か)っています。[2]

⑵ 由美子さんは[1]　イヌが[3]　好きです。[2]

⑶ 由美子さんは[1]　黒髪[3]　をしています。[2]

⑷ 由美子さんは[1]　多い髪の毛[3]　をしています。[2]（髪の毛が多い。）

⑸ トニー君は[1]　少ない髪の毛[3]　をしています。[2]（髪の毛が少ない。）

⑹ 私は[1]　このスープ[5]　の中に[4]　髪の毛を１本[3]　見つけました。[2]

⑺ 私は[1]　白髪を２本[3]　抜(ぬ)きました。[2]

⑻ 私は[1]　ミルクを１杯[3]　もらいます。[2]

⑼ 由美子さんは[1]　ミルクが[3]　好きです。[2]

⑽ 私たちの町は[1]　２つ学校[3]　を持っています。[2]（町には２つの学校があります。）

英語らしく読んでみましょう

⑴ Yumiko has a dog.
　ヘァザ　ドーッグ

⑵ Yumiko likes dogs.
　らーィクス ドーッグズ

⑶ Yumiko has black hair.
　ブれァック ヘアァ

⑷ Yumiko has thick hair.
　すィック

⑸ Tony has thin hair.
　トーゥニィ　すィン

⑹ I found a hair in this soup.
　ふァーゥンダ　スープ

⑺ I pulled out two white hairs.
　プオダーゥ・　チュー　ワーィ・　ヘアァズ

⑻ I'll have a glass of milk.
　アーィオ ヘァヴァ　メオク

⑼ Yumiko likes milk.
　らーィクス

⑽ Our town has two schools.
　アーゥァ ターゥン　スクーオズ

英語にするときのポイント

日本語を分解して英語の語順を考えます。

①「由美子さんは髪の毛が多い。」→「由美子さんは多い髪の毛をしている。」

②「トニー君は髪の毛が少ない。」→「トニー君は少ない髪の毛をしている。」

③「私たちの町には２つ学校があります。」→「私たちの町は２つ学校を持っています。」

英語らしい発音のコツ

thick、thin の th の発音：上下の歯でベロの先を軽くはさみ、ベロを奥に引く瞬間に日本語のティの感じで発音すると、th の音が自然に出ます。

LESSON 3

2 数えられる名詞、数えられない名詞②

数えられない名詞と数えられる名詞を比べながら、いろいろな表現を英語で書きましょう。

数えられない名詞	数えられる名詞
milk メオク	pen
たくさんの（量の）much milk a lot of アラッタヴ milk plenty プれンティ of milk	たくさんの（数の）many pens a lot of pens plenty of pens
いくらかの（量の） some スム milk a little アリトー milk	いくらかの（数の） some スム pens a few アふュー pens
ほとんどない（量の）little milk	ほとんどない（数の）few pens
まったくない（量の） no ノーゥ milk not any milk	まったくない（数の） no pens not any pens

例題

次の日本語を英文に直してください。

私はほとんどコーヒーを飲みません。

～を飲む = drink　コーヒー = coffee

《答え》

I drink little coffee.

理解を助けるポイント

「私はほとんどコーヒーを飲みません。」を英語にする場合、little には「ほとんど～ない」という意味があるので、not を使う必要はありません。

英作文の練習をしましょう

①と②はそれぞれ違う表現で書いてみましょう。

～に＝in　あなたは預けていますか／持っていますか＝Do you have
たくさんの＝a lot of / plenty of　お金＝money　～に＝in　みなと銀行＝the Minato Bank　アメリカ＝America　（2人以上の）友だち＝friends

(1) あなたは(1) みなと銀行(5) に(4) たくさんのお金(3) を預けていますか。(2)

(2) 私は(1) みなと銀行(5) に(4) たくさんのお金(3) を預けています。(2) ①

(3) 私は(1) みなと銀行(5) に(4) たくさんのお金(3) を預けています。(2) ②

(4) 私は(1) みなと銀行(5) に(4) 少しお金(3) を預けています。(2)

(5) 私は(1) みなと銀行(5) に(4) ほとんどお金(3) を預けていません。(2)

(6) あなたは(1) アメリカ(5) に(4) 友だちがたくさん(3) いますか。(2)

(7) 私は(1) アメリカ(5) に(4) 友だちがたくさん(3) います。(2) ①

(8) 私は(1) アメリカ(5) に(4) 友だちがたくさん(3) います。(2) ②

(9) 私は(1) アメリカ(5) に(4) 数人友だちが(3) います。(2)

(10) 私は(1) アメリカ(5) に(4) 友だちはほとんど(3) いません。(2)

英語にするときのポイント

①「～を預けています」は、「～を持っています」have を使って英語にします。

② many と much を普通の文で使っているのをよく見かけますが、普通の文では a lot of や plenty of を使うようにしてください。

学校ではこう習う

I have few friends. は、「私は友だちがほとんどいない。」と習いますが、「私は友だちが少ない。」と訳すこともできます。

英語らしく読んでみましょう

(1) Do you have much (マッチ) money (マニィ) in the Minato Bank?

(2) I have a (ヘァヴァ) lot of (ろットヴ) money in the Minato Bank (ベァンク).

(3) I have plenty (プれンティ) of (オヴ) money in the Minato Bank.

(4) I have a little (りロー) money in the Minato Bank.

(5) I have little money in the Minato Bank.

(6) Do you have many (メーィ) friends (ふゥレンヅ) in America (アメゥリカ)?

(7) I have a lot of friends in America.

(8) I have plenty of friends in America.

(9) I have a few (ふュー) friends in America.

(10) I have few friends in America.

英語らしい発音のコツ

イギリス発音とアメリカ発音ではかなり違います。

① a lot of イギリス発音ではアらッタヴ、アメリカ発音ではアらッラヴ

② little イギリス発音ではりトー、アメリカ発音ではりロー

LESSON 3

LESSON 3 数えられない名詞の表現

数えられない名詞を数える方法

〈1〉 **a glass of pineapple juice**
冷たい飲物は、glass に入れて飲むことから、「コップ1杯のパインジュース」は、a glass of pineapple juice とします。コップの数は数えることができるので、「コップ2杯のパインジュース」といいたいときは、two glasses of pineapple juice とします。

〈2〉 **a cup of coffee**
熱い飲み物は、cup に入れて飲むことから、
「コップ1杯のコーヒー」は、
a cup of coffee とします。
「コップ2杯のコーヒー」は、
two cups of coffee とします。

〈3〉 **a pair of shoes** アペアゥラヴシューズ
一対(いっつい)になっているものを数えるときは、pair を使って英語に直します。
「1足のくつ」は、a pair of shoes
「2足のくつ」は、two pairs of shoes といいます。

例題

次の日本文を英文に直してください。

⑴ 紅茶を1杯　⑵ 紅茶を2杯

HINT

紅茶＝tea

《答え》

⑴ a cup of tea　⑵ two cups of tea

理解を助けるポイント

めがね glasses（グ**れ**ァスィズ）、ズボン pants（**ペ**ァンツ）、はさみ scissors（**スィ**ザァズ）などは、a pair of を使って数えます。

英作文の練習をしましょう

（私には）～をいただけますか。＝ May I have ～？　ミルク＝ milk　コーヒー＝ coffee　パインジュース＝ pineapple juice　私は～をいただきたいのですが＝ I'd like　水＝ water　このめがね＝ this pair of glasses　このめがね＝ these glasses　紅茶＝ tea　もう1杯の緑茶＝ another cup of green tea

⑴ ミルクを1杯（2） いただけますか。（1 May I have）

⑵ コーヒーを1杯（2） いただけますか。（1 May I have）

⑶ パインジュースを1杯（2） いただけますか。（1 May I have）

⑷ 水を1杯（2） いただけますか。（1 May I have）

⑸ このめがね（2 this ～） をいただきたいのですが。（1 I'd like）①

⑹ このめがね（2 these ～） をいただきたいのですが。（1 I'd like）②

⑺ このくつ（2 this ～） をいただきたいのですが。（1 I'd like）①

⑻ このくつ（2 these ～） をいただきたいのですが。（1 I'd like）②

⑼ 紅茶を1杯（2 a ～） いただけますか。（1 May I have）

⑽ 緑茶をもう1杯（2 another ～） いただけますか。（1 May I have）

英語にするときのポイント

「このめがねを」は、
① this pair of glasses ② these glasses の2つの表現があります。「このくつ」も同じ形で表現できます。

学校ではこう習う

学校では
① 紅茶のことを tea、② 緑茶のことを green tea と習います。正式には、紅茶の葉の色が黒いことから、紅茶は black tea といいます。

英語らしく読んでみましょう

18

⑴ May I have a glass of milk?
メーィ　アーィ　ヘァヴァ　グれァソヴ　メオク

⑵ May I have a cup of coffee?
カッポヴ　コーふィ

⑶ May I have a glass of pineapple juice?
パーィネァポー　ヂュース

⑷ May I have a glass of water?
ウォータァ

⑸ I'd like this pair of glasses.
アーィドゥ　らーィク　ペアゥオヴ　グれァスィズ

⑹ I'd like these glasses.
ずィーズ

⑺ I'd like this pair of shoes.
シューズ

⑻ I'd like these shoes.

⑼ May I have a cup of tea?
ティー

⑽ May I have another cup of green tea?
アナざァ　グゥリーン　ティー

英語らしい発音のコツ

① l のうしろに母音（ア、イ、ウ、エ、オ）がないときは、オと発音しましょう。〔i〕は、イとエの間の音なので、milk はメオクと聞こえます。

② 発音記号の〔ai〕アーィ、正確にはアがイの3倍ぐらい長く発音されるためにアーといってから軽くイをつけ加えると英語らしく聞こえます。（例）like　らーィク

4 「どこどこになになにがある。」There is/are ～.①

「～（どこどこ）に～（なになに）がある。」を英語で書く方法をマスターしましょう。

どこどこ→大きなもの
なになに→小さなもの
と考えて

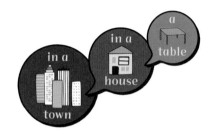

〈1〉 大きいもの has 小さいもの .
〈2〉 ① There is a 小さいもの in 大きいもの .
　② There are 小さいもの s in 大きいもの .

この公式に当てはめると、「～(どこどこ) に～(なになに) がある。」を英語にすることができます。

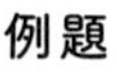
例題

次の日本文を 2 種類の英文であらわしましょう。

私の部屋には窓が 2 つあります。

2 つの窓 = two windows　～には = in　私の部屋 = my room

《答え》

My room has two windows. / There are two windows in my room.

理解を助けるポイント

There is と There are の使い分けは、主語（～は、～が）が 1 つならば is、2 つ以上ならば are になります。

①「窓が 1 つ私の部屋にあります。」
　A window is in my room.
= There is a window in my room.

②「窓が 2 つ私の部屋にあります。」
　Two windows are in my room.
= There are two windows in my room.

英作文の練習をしましょう

日本＝ Japan　四季＝ four seasons　私たちの市＝ our city　図書館＝ library
本屋さん＝ bookstore　20 人の先生＝ twenty teachers　今月＝ this month
31 日＝ thirty-one days

⑴ 日本には　四季が　あります。①
1　3　2 has

⑵ 日本には　四季が　あります。②
3 in ～　2　1 There are

⑶ 私たちの市には　図書館が 1 つ　あります。①
1　3　2 has

⑷ 私たちの市には　図書館が 1 つ　あります。②
3 in ～　2　1 There is

⑸ 私たちの市には　本屋さんが 4 軒（けん）　あります。①
1　3　2 has

⑹ 私たちの市には　本屋さんが 4 軒　あります。②
3 in ～　2　1 There are

⑺ 私たちの学校には　先生が 20 人　います。①
1　3　2 has

⑻ 私たちの学校には　先生が 20 人　います。②
3 in ～　2　1 There are

⑼ 今月は　31 日　あります。①
1　3　2 has

⑽ 今月は　31 日　あります。②
3 in ～　2　1 There are

英語にするときのポイント

もともと have は there〔is, are〕の意味を持っています。

学校ではこう習う

中学校では、There is/are Ⓐ in Ⓑ . を重要な構文として習うことが多いので、Ⓑ has Ⓐ . で同じ意味をあらわすことを知らない人が多いようです。

英語らしく読んでみましょう

⑴ Japan has four seasons.
ヂァペアン　ヘァズ　ふぉー　スィーズンズ

⑵ There are four seasons in Japan.
ぜァゥラー　イン

⑶ Our city has a library.
ヘァザ　らーィブゥレゥリィ

⑷ There is a library in our city.
ぜァゥリズ　イナーゥァ　スィティ

⑸ Our city has four bookstores.
ふォァ　ブォックストーァズ

⑹ There are four bookstores in our city.

⑺ Our school has twenty teachers.
チュウェニィ　ティーチァァズ

⑻ There are twenty teachers in our school.
スクーオ

⑼ This month has thirty-one days.
ずィす　マンす　さァ～リィワン　デーィズ

⑽ There are thirty-one days in this month.

英語らしい発音のコツ

has a はヘァザ、in our はイナーゥァと発音しましょう。アメリカ英語では、city（スィティ）をスィリィ、twenty（チュウェンティ）をチュウェニィ、thirty（さ～ティ）をさ～リィと発音する人が多いようです。

LESSON 3

5 「どこどこになになにがある。」There is/are ～.②

● **There is/are ～. 構文の正しい使い方**

「～（なになに）が（どこどこ）にあります。」「～（なになに）があります。」と訳します。だれのものかはっきりしないものがあります、という場合にThere is/are ～. 構文を使います。

●**ここに注意**

だれのものか、またはどれを指（さ）しているかがはっきりしている場合は、下の表現を使います。

① あなたの本は(1) あの机(4) の上に(3) あります(2)。Your book is on that desk.

② その本は(1) 私の机(4) の上に(3) あります(2)。The book is on my desk.

●**解説と注意**

〈1〉日本文の主語が「～が」の場合は、There is/are ～. 構文を使って英語に直せます。

〈2〉「～は」の場合は、There is/are ～. 構文が使えません。このルールには例外もありますが、いちおうの目安として覚えておきましょう。

例題

次の日本文を英文に直してください。

ジュディーさんのかばんはここにあります。

HINT

ジュディーさんのかばん＝Judy's bag　ここに＝here

《答え》

Judy's bag is here.

理解を助けるポイント

「どこどこに」の「に」が、「～の中に」の意味で使われていればin、「～の上に」の意味ならば、onです。単語自体が「に」の意味を持っていれば、in, onを必要としません。

例：here「ここに」there「そこに」over there「あそこに」

英作文の練習をしましょう

かさ＝umbrella　ここに＝here　あそこに＝over there　そこに＝there
佐知子さんの＝Sachiko's　礼子さんの＝Reiko's　そのかさ立て＝the umbrella stand　〜の中に＝in　時間＝time　たっぷりの＝plenty of
（ひとつの）しみ＝a stain　今日＝today　数学のテスト＝a math test
十分なスペース＝enough space　テニスの試合＝a tennis match
ほんの少しの＝only a little　ミルク＝milk

(1) あなたのかさは(1)　ここに(3)　ありますよ。(2 is)

(2) そのかさは(1)　あそこに(3)　ありますよ。(2 is)

(3) 佐知子さんのかさは(1)　そこに(3)　ありますよ。(2 is)

(4) 礼子さんのかさは(1)　そのかさ立て(4)　の中に(3)　ありますよ。(2 is)

(5) 時間がたっぷり(2)　あります。(1 There is)

(6) ここに(3)　ひとつしみが(2)　あります。(1 There is)

(7) ここには(3)　十分なスペースが(2)　ありますよ。(1 There is)

(8) 今日は(3)　テニスの試合が(2)　ありますよ。(1 There is)

(9) 今日は(3)　数学のテストが(2)　あります。(1 There is)

(10) ミルクがほんの少し(2)　ありますよ。(1 There is)

英語にするときのポイント

日本語を分解して英語の語順を考えます。
「時間がたっぷり」→「たっぷりの時間」
「ミルクがほんの少し」→「ほんの少しのミルク」

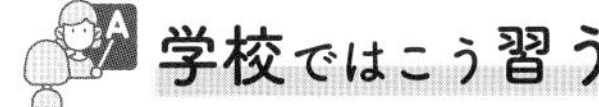

学校ではこう習う

学校英語では a little milk を「少しのミルク」と習いますが、実際には only a little milk「ほんの少しのミルク」がよく使われます。

英語らしく読んでみましょう

20

(1) Your umbrella is here.
ヨア　アンブゥレら　ヒアァ

(2) The umbrella is over there.
ずィ　アンブゥレら　オーゥヴァ　ぜアァ

(3) Sachiko's umbrella is there.
ズ

(4) Reiko's umbrella is in the umbrella stand.
イン ずィ　ステァン・

(5) There is plenty of time.
プれンティ　オヴ ターィム

(6) There is a stain here.
ステーィン ヒアァ

(7) There is enough space here.
イナふ　スペーィス

(8) There is a tennis match today.
テニス　メァッチ　チュデーィ

(9) There is a math test today.
メァす　テス・

(10) There is only a little milk.
オーゥンリィ りロー メオク

英語らしい発音のコツ

① the の次の単語が、母音（ア、イ、ウ、エ、オ）からはじまっていれば、the ずィと発音します。
the umbrella　ずィ アンブゥレら
the ink　ずィ インク
the egg　ずィ エッグ
the apple　ずィ エァポー

② umbrella の m の発音は、口をしっかり閉（と）じます。

6 There is/are ～. の使い方③　応用

There is/are ～. 構文の使い方が上手になると英作文が楽しくなります。
「～（どこどこ）に～（なになに）があります。」という日本語訳にこだわることなく、「～があります」の意味も There is/are ～. 構文で英作文できます。

● **There is/are ～. 構文の応用**

rainbow（虹）を例にとって考えてみましょう。
日本語では「虹がかかっている。」「虹が出ている。」といいますね。
これは、「虹がある。」という内容なので、「虹が出ているよ。」は There is a rainbow. と英語で書くことができます。

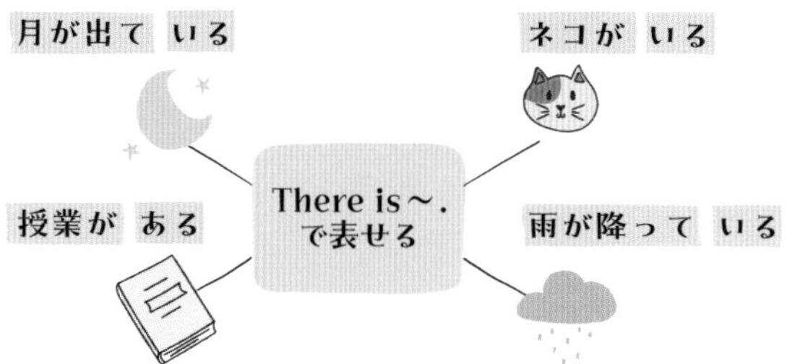

例題

次の日本文を英文に直してください。

この地域は雨が多い。

この地域＝ this area　～では＝ in　多い雨＝ a lot of rain

《答え》
There is a lot of rain in this area.

理解を助けるポイント

「この地域は雨が多い。」の英語の語順は、次のように考えます。
たくさんの雨が降る + では〈どこでは？〉この地域
There is a lot of rain + in + this area.

英作文の練習をしましょう

強い風＝a strong wind　今朝＝this morning　霜＝frost　地震＝an earthquake　青森〔では〕＝in Aomori　たくさんの雪＝a lot of snow　～には＝in　駐車場＝the parking lot　車＝car　かなりの水かさ＝a lot of water　この川には＝in this river　あそこに＝over there　誰か＝someone　～に＝at　玄関＝the front door　男の人＝man　きれいな＝beautiful

(1) 今朝は　風が強い。
2　1 There is ＋強い風

(2) 今朝　地震が　ありました。
3　2　1 There was

(3) 今朝は　霜（しも）が　おりています。
3　2　1 There is

(4) 青森は　雪が多いです。
2 in ～　1 There is ＋多い雪

(5) 駐車場（ちゅうしゃじょう）　には　たくさんの車が並んでいます。
3　2　1 There are ＋たくさんの車

(6) この川は　水かさがかなりあります。
2 in ～　1 There is ＋かなりの水

(7) 誰か　玄関（げんかん）　に　来ていますよ。
2　4　3　1 There is

(8) あそこに　誰か　いますよ。
3　2　1 There is

(9) あそこに　男の人が　います。
3　2　1 There is

(10) きれいな虹が　出ていますよ。
2　1 There is

英語にするときのポイント

日本語では「～は」となっているものも、「～では」「～には」の意味のときがあります。この場合、in ＋ 名詞 のパターンに当てはめて英語にすることが多いのです。
「青森は」→「青森では」in Aomori

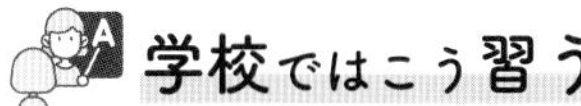

学校ではこう習う

There is の There に特別な意味はありません。「そこに男の人がいます。」を英語にするときは、There is a man there. と書きます。この場合の there は「そこに」というはっきりした意味を持つので、there を強く発音します。

英語らしく読んでみましょう

(1) There is a strong wind this morning.
スチュローン・ウィン・ずィス　モーニン・

(2) There was an earthquake this morning.
ワザ　ナ～すクウェーィク

(3) There is frost this morning.
ふゥロース・

(4) There is a lot of snow in Aomori.
ろットヴ　スノーゥ　イン

(5) There are a lot of cars in the parking lot.
カーズ　パーキン・　ろッ・

(6) There is a lot of water in this river.
ウォータァ　ウリヴァ

(7) There is someone at the front door.
サムワナッ・　ふゥラン・ドーア

(8) There is someone over there.
オーゥヴァ　ぜアァ

(9) There is a man over there.
メァノーゥヴァ

(10) There is a beautiful rainbow.
ビューティふォ　ゥレーインボーゥ

英語らしい発音のコツ

ing で終わる単語の発音：ing の音はインといって鼻に息を抜いてグを発音します。g は聞こえないことが多いようです。この本では、ほとんど聞こえない g を・であらわしています。
morning モーニン・
parking パーキン・

LESSON 3

1 「だれが」がない場合の英作文 It ～. の使い方

「誰が」「どうする」という順番で単語を並べると、正しい英語になります。「どうする」の部分がないときは、

be 動詞(am is areなど) ＋ 残りの単語

の順番で並べます。ここでは「だれが」がない場合、どう英語にすればよいのかを考えてみます。

● It を使って英語にする。

日本語で考えてみましょう。

①「今は何時？」――――「7時だよ。」
It is seven o'clock.

②「今日はどんな天気？」――――「くもりだよ。」
It is cloudy.

③「距離はどれぐらいあるの？」――――「2km だよ。」
It is 2 km.

④「どれぐらいかかるの？」――――「10分ぐらいだよ。」
It takes about 10 minutes.

答えには、主語（～は）がありません。このように主語がないとき、it を使えばよいのです。上の例文では、「どうする」の部分がないので It is ～. となります。It is は It's と書くことが多いようです。

例題

次の日本文を英文に直してください。

外は雨だよ。

HINT

外は = outside　雨が降っている = raining

《答え》

It's raining outside.

理解を助けるポイント

日本語を英語にするとき、まず主語をさがします。主語が見つからなければ、It が使える可能性が高いのです。

英作文の練習をしましょう

外は＝outside　雪が降っている＝snowing　暗い＝dark　まだ明るい＝still light　風が強い＝windy　私＝me　狭い世の中＝a small world　何でもない＝nothing　いいですよ＝all right　とてもありそうな＝very likely　遅すぎる＝too late

⑴ 外は　雪ですよ。
2　1 It is＋雪が降っている

⑵ 外は　暗いですよ。
2　1 It is＋暗い

⑶ 外は　まだ明るいですよ。
2　1 It is＋まだ明るい

⑷ 外は　風が強いですよ。
2　1 It is＋風が強い

⑸ 私ですよ。（戸口で「どなたですか。」と聞かれたとき）
It is＋私

⑹ 世の中って狭いですね。（またお会いしましたね。）
It is＋狭い世の中

⑺ 何でもありませんよ。
It is＋何でもない

⑻ いいですよ、いいですよ。（気にしなくてもいいですよ。）
It is＋いいですよ

⑼ おそらくそうでしょうね。
It is＋とてもありそうな

⑽ 後の祭ですよ。（遅すぎますよ。）
It is＋遅すぎる

英語にするときのポイント

日本語の慣用句を英語にするときは、簡単な英語で書けるところまで日本文を分解することが大切です。

学校ではこう習う

It is ～. 構文は時間・距離・天候・日時などをあらわすときに使います。

英語らしく読んでみましょう

⑴ **It's snowing outside.**
イッツ スノーウィン・ アーゥ・サーィ・

⑵ **It's dark outside.**
ダーク

⑶ **It's still light outside.**
スティオ らーィ・

⑷ **It's windy outside.**
ウィンディ

⑸ **It's me.**
ミー

⑹ **It's a small world.**
スモーオ　ワ～オドゥ

⑺ **It's nothing.**
ナッすィン・

⑻ **It's all right.**
オーオ ゥラーィ・

⑼ **It's very likely.**
ヴェゥリ らーィクリィ

⑽ **It's too late.**
チュー れーィ・

英語らしい発音のコツ

l のうしろに母音（ア、イ、ウ、エ、オ）がきていないときは、オのように発音しましょう。
still スティオ、small スモーオ、world ワァ～オドゥ、all オーオ

LESSON 4

2 きのう、今日、明日(あした)　名詞と副詞の使い方①

yesterday という単語を辞典で調べてみると、yesterday の意味は「きのう」と書いてあります。英語の苦手な人は yesterday ＝きのう、とノートに書いてそれで終わりだと思います。英語の勉強で大切なことは yesterday の意味よりも、使い方です。

● yesterday の使い方

yesterday〔副詞〕きのう

yesterday〔名詞〕きのう

〈1〉副詞は完全な英文のあとにつけ加えた言葉だと考えてください。

〈2〉名詞は主語（～は）に使える言葉だと考えてください。

《使い方の例》

①「きのうはくもりだった。」

くもりだった　きのうは　。

It was cloudy ＋ yesterday .

副詞

②「きのうはくもりだった。」

きのうは　くもりだった　。

Yesterday was cloudy .

名詞

例題

次の日本文を 2 種類の英文に直してください。

今日はくもりです。

今日 = today

《答え》

It is cloudy today. / Today is cloudy.

理解を助けるポイント

きのう yesterday・今日 today・明日 tomorrow
は、副詞と名詞の両方で使えます。

英作文の練習をしましょう

きのう = yesterday　(1日の) 休日 = a holiday　今日 = today
明日 = tomorrow　くもりの = cloudy

(1) きのうは　休日でした。
2　1 It was + 休日
〔副詞〕

(2) きのうは　休日でした。
1　2 was + 休日
〔名詞〕

(3) 今日は　休日です。
2　1 It's + 休日
〔副詞〕

(4) 今日は　休日です。
1　2 is + 休日
〔名詞〕

(5) 明日(あした)は　休日です。
2　1 It's + 休日
〔副詞〕

(6) 明日は　休日です。
1　2 is + 休日
〔名詞〕

(7) 今日は　くもりです。
2　1 It's + くもりの
〔副詞〕

(8) 今日は　くもりです。
1　2 is + くもりの
〔名詞〕

(9) 明日は　くもりでしょう。
2　1 It will be + くもりの
〔副詞〕

(10) 明日は　くもりでしょう。
1　2 will be + くもりの
〔名詞〕

英語にするときのポイント

カレンダーであらかじめ決まっていることを書くときは、明日 tomorrow のことでも will be を使わずに、is を使います。

学校ではこう習う

中学校では、yesterday、today、tomorrow を副詞として習うことが多いようです。

英語らしく読んでみましょう

23

(1) It was a holiday yesterday.
ワズ　ホリデーィ　いェスタデーィ

(2) Yesterday was a holiday.
ワザ

(3) It's a holiday today.
イッツァ　チュデーィ

(4) Today is a holiday.
イザ

(5) It's a holiday tomorrow.
トゥマゥローゥ

(6) Tomorrow is a holiday.
ホリデーィ

(7) It's cloudy today.
クらーゥディ

(8) Today is cloudy.
チュデーィ

(9) It will be cloudy tomorrow.
ウィオビー　クらーゥディ

(10) Tomorrow will be cloudy.
トゥマゥローゥ

英語らしい発音のコツ

① holiday はイギリス英語では、ホりデーィ、アメリカ英語ではハりデーィと発音します。
② yesterday の ye は、日本語のエの音よりも少しベロの位置を上げたところで発音します。

LESSON 4

3 「東京は〜です。」 名詞と副詞の使い方②

英語辞典にのっていない英語のコツを、あなただけにこっそり伝授させていただきます。
「東京はくもりです。」この日本語を英語にするときに、ぜひ覚えておいていただきたいことがあります。Lesson 4の2で勉強した「きのうは」と同じ考え方で、「東京は」の入った日本語を英語にすることができます。

●「東京は」の使い方

〈1〉「東京は」を副詞で使うと、完全な英文のあとのつけ加えとして使うことができます。ただし、「東京」という言葉はもともと名詞なので、「東京」の前にinをつけてin Tokyo「東京では」と使います。

〈2〉「東京は」を名詞で使うと主語（〜は）に「東京は」を使うことができます。

《使い方の例》

①「東京はくもりです。」

くもりです　東京では。
It's cloudy　in Tokyo
副詞句

②「東京はくもりです。」

東京は　くもりです。
Tokyo　is cloudy
名詞

例題

次の日本文を2種類の英文に直してください。

東京は暑い。

暑い = hot

《答え》

It's hot in Tokyo. / Tokyo is hot.

理解を助けるポイント

完全な文章の「暑い。」には、主語（〜は）がないので、
[It's] + [暑い] . の語順にします。

英作文の練習をしましょう

晴れの = sunny　雪降りの = snowy　寒い = cold　すずしい = cool
雨降りの = rainy

(1) 東京は　晴れています。①
　1　2 is + 晴れの

〔名詞〕

---

(2) 東京は　晴れています。②
　2 in ～　1 It's + 晴れの

〔副詞〕

---

(3) 名古屋は　雪です。①
　1　2 is + 雪降りの

〔名詞〕

---

(4) 名古屋は　雪です。②
　2 in ～　1 It's + 雪降りの

〔副詞〕

---

(5) 名古屋は　寒いです。①
　1　2 is + 寒い

〔名詞〕

---

(6) 名古屋は　寒いです。②
　2 in ～　1 It's + 寒い

〔副詞〕

---

(7) 軽井沢(かるいざわ)は　すずしいです。①
　1　2 is + すずしい

〔名詞〕

---

(8) 軽井沢は　すずしいです。②
　2 in ～　1 It's + すずしい

〔副詞〕

---

(9) 長崎は　雨だった。①
　1　2 was + 雨降りの

〔名詞〕

---

(10) 長崎は　雨だった。②
　2 in ～　1 It was + 雨降りの

〔副詞〕

英語にするときのポイント

次の形で英語にしてください。
(副詞) は、It's ～ in Tokyo. (副詞句)
(名詞) は、Tokyo is ～ .

学校ではこう習う

① 中学校では、
It's + 天気 (晴れの、雪降りの、寒い、すずしい、雨降りの) + in 地名 . のパターンを習います。
② in Tokyo 副詞のはたらきをすることから副詞句と習います。

英語らしく読んでみましょう

(1) **Tokyo is sunny.**
サニィ

(2) **It's sunny in Tokyo.**
イッツ　イン

(3) **Nagoya is snowy.**
スノーウィ

(4) **It's snowy in Nagoya.**

(5) **Nagoya is cold.**
コーゥオドゥ

(6) **It's cold in Nagoya.**
コーゥオディン

(7) **Karuizawa is cool.**
クーオ

(8) **It's cool in Karuizawa.**
クーリン

(9) **Nagasaki was rainy.**
ウレーィニィ

(10) **It was rainy in Nagasaki.**
イッ・ワズ

英語らしい発音のコツ

前の単語の最後の文字と、次の単語の最初の文字がローマ字になるときはくっつけて発音します。
① cold in は、coldin コーゥオディン
② cool in は、coolin クーリン

LESSON 4

COLUMN 2
コラム

英文法はなにからはじめたらいいの？②

前回の8個はしっかりマスターできたでしょうか？
では、残りの7個を、紹介していきます。

1 単語が2つ以上くっついて、新しい意味をあらわす決まり文句を覚える。
(a) be + 形容詞 + 前置詞 タイプ
be fond of ～ (～が大好きです)　be interested in ～ (～に興味がある)
(b) 動詞 + 副詞 タイプ
put on ～ (～を着る)　take off ～ (～を脱ぐ)　get on ～ (～に乗る)
get off ～ (～から降りる)　get up ～ (起きる)

2 日常的によく使う決まり文句をできるだけたくさん覚える。
Thank you. (ありがとう)　I'm sorry. (すみません)
Good morning. (おはよう)　Good night. (おやすみなさい)

3 助動詞の使い方を覚える。

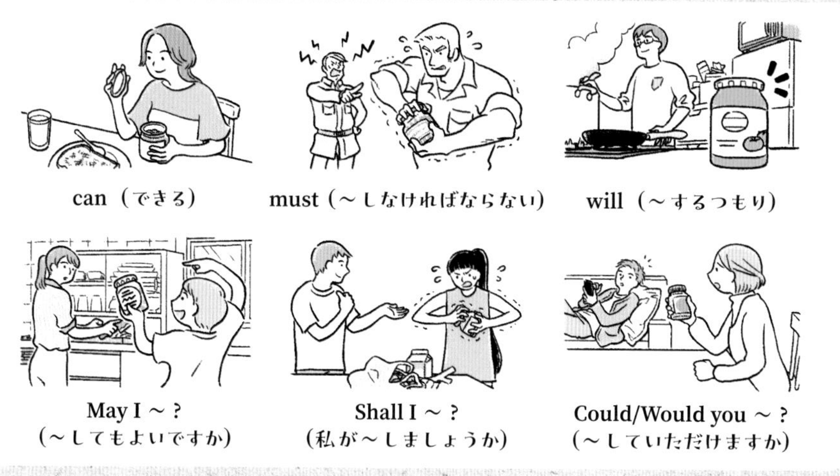

4 時をあらわす副詞を覚える。
always (いつも)　often (しばしば)　sometimes (ときどき)
※ not が入る位置に入れる。　例 I always walk. (私はいつも歩きます)

5 場所をあらわす副詞を覚える。
here (ここに／ここへ)　there (そこで／そこへ)　where (どこに／どこへ)

6 時をあらわす副詞を覚える。
now (今)　then (そのとき)　when (いつ)

7 文法を覚える。
比較、受動態、現在完了形、関係代名詞、仮定法　など

日本語と英語の違いを知る

Lesson 5
自分のこと、自分の考えを英語で書く

1 I'm ～ . I feel ～ .
2 it と that を使い分ける　That's ～ . の英作文
3 It's ～ . の英作文
4 英語らしい表現①
5 英語らしい表現②
6 「趣味は～です。」 動名詞の使い方

Lesson 6
英語のルールをマスターしてきちんとした英語を書く

1 主語に合わせた動詞の使い方
2 each、every、all の使い方
3 everyone と everything の使い方

LESSON 5 1 I'm ～. I feel ～.

英作文で一番大切なことは、日本語を英語にしたときの意味の違いです。
「寒い。」
この日本語を英語にするときは、次のように考える必要があります。

〈1〉「寒いよ。」
I'm cold.（I'm は I am の短縮形です。）
I feel cold.（他の人は知らないが、少なくとも「自分は寒い。」と思っている場合）

《解説》
feel は「感じる」という意味の単語で am のかわりに使うことができます。

〈2〉「寒いね。」
It's cold, isn't it？（温度がとても低い場合）

《解説》
話し相手に「～ですね」というときは、最後に , isn't it? をつけます。

●ここに注意

「お腹が空いた。」→ I'm hungry. / I feel hungry.
日本文が「～した。」となっていても、過去のことだとは限りません。この日本語の場合は、今の状態をあらわしているので、現在形です。

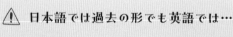

 日本語では過去の形でも英語では…

晴れたら	⇨ if it is sunny …
よかったね	⇨ That is good.
ありがとうございました	⇨ Thank you.

理解を助けるポイント

「～た。」「～した。」という日本語であっても、過去の意味ではなく、現在の状態をあらわしていることが多いので注意が必要です。英語にするときは、過去のことか現在のことかよく考えて取り組んでください。

英作文の練習をしましょう

熱い！熱つぅ＝Ouch!　暑い、熱い＝hot　暖かい＝warm　疲れた＝tired
びっくりした＝surprised　～を聞いて、～で＝at　そのニュース＝the news

(1) 熱い！（熱いものをさわってしまったとき）
びっくりしたときの言い方

(2) 暑いね。
温度が暑いときの言い方

(3) 熱いよ。（からだがほてっているよ。）①
I'm ＋熱い

(4) 熱いよ。（からだがほてっているよ。）②
I feel ＋熱い

(5) 暖かいね。
温度が暖かいときの言い方

(6) 暖かいよ。（からだがほてっているよ。）①
I'm ＋暖かい

(7) 暖かいよ。（からだがほてっているよ。）②
I feel ＋暖かい

(8) 疲(つか)れた。①
I'm ＋疲れている

(9) 疲れた。②
I feel ＋疲れている

(10) 私は(1)　そのニュース(4)　を聞いて(3 at)　びっくりしました。(2 was＋びっくりした)

英語にするときのポイント

（からだがほてって）「熱い」は、熱がある場合・運動のあと・人前ではずかしい思いをしたときなどに使う表現です。

学校ではこう習う

「私はびっくりした。」
今のことならば　I'm surprised.
過去のことならば　I was surprised.

英語らしく読んでみましょう

25

(1) Ouch!
アーゥチ

(2) It's hot, isn't it?
イッツ ホッ・ イズニッ・

(3) I'm hot.
アーィム

(4) I feel hot.
ふィーオ

(5) It's warm, isn't it?
ウォーム

(6) I'm warm.

(7) I feel warm.

(8) I'm tired.
ターィア・

(9) I feel tired.
ふィーオ

(10) I was surprised at the news.
ワズ サプゥラーィズダッ・ざ ニューズ

英語らしい発音のコツ

① hot はイギリス英語ではホッ・、アメリカ英語ではハッ・。
② 文章の最後につける、isn't it?
(a) 相手の意見を聞くときは、軽く最後を上げます。
(b) 相手に同意を求めるときは、最後を下げて発音します。

LESSON 5

LESSON 5

2 it と that を使い分ける That's ～. の英作文

● it と that の基本的な意味

it ── 日本語の「それ」に当たる英語です。
ただし、目の前にある物をさすことはできません。
It is（それは）の省略形は It's です。

that─話し手から少し離れたところにあるものをさします。
日本語の「あれ」、または「それ」に相当します。
That＋is（あれは、それは）の省略形は That's です。

● it と that の実践的な使い方

it は話の中に1度出てきたものをさします。「それは」と特にいいたいときや、話し手が感情を込めていいたい場合、that を it のかわりに使うとピッタリです。

●「それはおもしろい。」を it と that で書き分けます。

It's interesting.「おもしろいですね。」
That's interesting.「それはおもしろいですね。」

例題

次の日本文を That's ～. のパターンを使って英語に直してください。

それはいい考えですね。

いい考え＝ a good idea

《答え》
That's a good idea.

理解を助けるポイント

会話の場合は、It's ～. で始めるよりも、That's ～. を使う方が生き生きした感じを演出できます。

英作文の練習をしましょう

次の日本文を That's ～ . を使った英文にしてください。

いけない＝ too bad　人生＝ life　よい買い物＝ a good buy
おかしい＝ funny　変な＝ strange　かっこいい＝ cool　すべて＝ all
とても簡単な＝ very easy　ひどすぎる＝ too much　すごい＝ great

(1) それはいけませんね。（それはお気の毒ですね。）
That's ＋あまりにもひどい

(2) それが人生ですよ。（人生とはそんなものですよ。）
That's ＋人生

(3) それはよい買い物ですね。
That's ＋いい買い物

(4) それはおかしいですね。（それでは納得がいきませんよ。）
That's ＋おかしい

(5) それは変ですね。（それは訳がわかりませんね。）
That's ＋変な

(6) それはかっこいいですね。（それはすばらしいですね。）
That's ＋かっこいい

(7) これで終わりですよ。（それで終わりですよ。）
That's ＋すべて

(8) それは朝飯前ですよ。（それはとても簡単ですよ。）
That's ＋とても簡単な

(9) それはひどすぎますよ。
That's ＋多すぎる

(10) それはたいしたもんですよ。（それはすごいですね。）
That's ＋すごい

英語にするときのポイント

It's cool.「すずしい。」
That's cool.「それはかっこいいですね。」
のように It's と That's ですっかり意味がかわってしまう場合もあります。

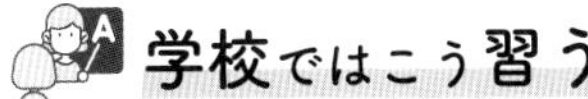

学校ではこう習う

「今日はここまでです。」といって授業を終える先生が多いようです。
そのときの決まり文句は、"That's all for today."

英語らしく読んでみましょう

26

(1) **That's too bad.**
チュー ベアッ・

(2) **That's life.**
らーィふ

(3) **That's a good buy.**
ぜァッツァ グッ・バーィ

(4) **That's funny.**
ふァニィ

(5) **That's strange.**
スチュレーィンヂ

(6) **That's cool.**
クーオ

(7) **That's all.**
ぜァッツオーオ

(8) **That's very easy.**
ヴェゥりィ イーズィ

(9) **That's too much.**
チュー マッチ

(10) **That's great.**
グゥレーィ・

英語らしい発音のコツ

good buy の d を飲みこむように発音するので、グッ・バーィと聞こえます。

LESSON 5

3 It's 〜. の英作文

主語（〜は）が長い文章では、It's 〜. で書きかえると自然な英文になります。

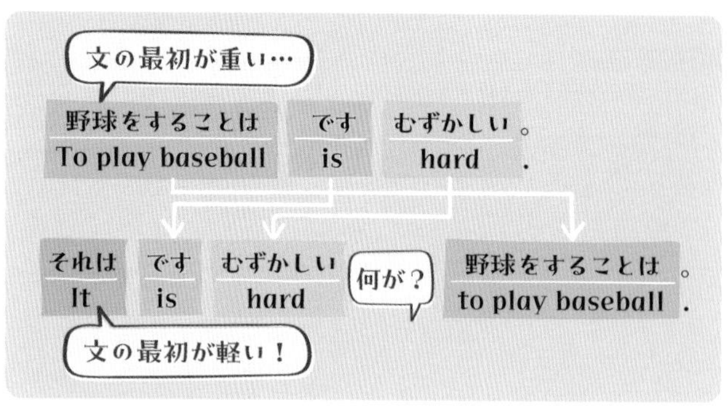

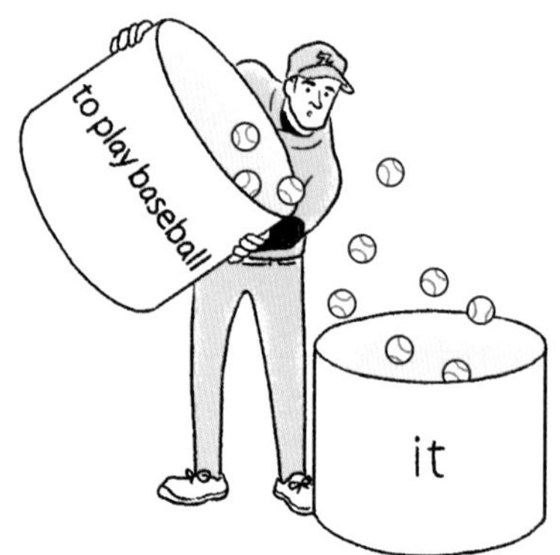

《解説》英語では is の左側に多くの単語がある方が自然な英文であると考えられているので、To play baseball is hard. は間違いではありませんが、あまりよい英文ではありません。

例題

次の日本文を It's からはじまる英文にしてください。

(1) ピアノをひくことはむずかしい。

(2) ピアノをひくことは簡単です。

ピアノをひく = play the piano　むずかしい = hard（difficult より口語的）
簡単な = easy

《答え》

(1) It's hard to play the piano.　(2) It's easy to play the piano.

理解を助けるポイント

It's 〜. の文では、be 動詞（am, is, are など）の次の一般動詞（動作、状態をあらわす動詞）の前に to を入れます。

It is hard [to] play baseball.
（is：be 動詞　play：一般動詞）

英作文の練習をしましょう

次の日本文を It's ～. を使った英文にしてください。

批判する = criticize　他人 = others　自分自身 = oneself　～を知る = know　英語 = English　～を勉強する = study　生きている = living　～を学ぶ = learn　楽しい = fun　～に入る = get into　～を卒業する = graduate from　とても = very　～を楽しむ = enjoy　大学生活 = campus life　～をする = play　テニス = tennis　おもしろい = fun　～と = with

(1) 他人（3） を批判（ひはん）することは（2 to ～） 簡単です。（1 It's easy）

(2) 自分自身（3） を知ることは（2 to ～） むずかしい。（1 It's hard）

(3) 英語（3） を勉強するのは（2 to ～） 簡単です。（1 It's easy）

(4) 生きた英語（3） を学ぶのは（2 to ～） むずかしい。（1 It's hard）（生きた英語を身につけることはむずかしい。）

(5) 君（4） と（3） いっしょにいる（2 to be） と楽しいよ。（1 It's fun）

(6) 東大（3） に入るのは（2 to ～） むずかしい。（1 It's hard）

(7) 東大（3） を卒業するのは（2 to ～） とてもむずかしい。（1 It's very hard）

(8) 大学生活（3） を楽しむのは（2 to ～） 簡単です。（1 It's easy）

(9) テニス（3） をするのは（2） おもしろい。（1 It's fun）

(10) 君（5） と（4） テニス（3） をすると（2 to ～） 楽しい。（1 It's fun）

英語にするときのポイント

「君と」の「と」は、「君といっしょに」の意味なので、with を使います。

学校ではこう習う

① play「～をする」という意味は、グループでする競技の場合に使います。
② It's ～ to ～. の it を「形式主語の it」と習います。

英語らしく読んでみましょう

27

(1) It's easy to criticize others.
イッツ イーズィ テュ クゥリティサーィズ アざァズ

(2) It's hard to know oneself.
ハードゥ ノーゥ ワンセオふ

(3) It's easy to study English.
スタディ イングリッシ

(4) It's hard to learn living English.
ら～ン リヴィン・

(5) It's fun to be with you.
ふァン ビー ウィずュー

(6) It's hard to get into Todai.
ゲリンテュ

(7) It's very hard to graduate from Todai.
ヴェゥリ グゥレァデュエーィ・ ふゥラム

(8) It's easy to enjoy campus life.
インジョーィ キャンパス らーィふ

(9) It's fun to play tennis.
プれーィ テニス

(10) It's fun to play tennis with you.

英語らしい発音のコツ

① easy イーズィと発音しましょう。
② get into イギリス英語ではゲティンテュ、アメリカ英語ではゲリンテュ。

4 英語らしい表現 ①

●次の2つの英文の違いが分かりますか。

「この本は古い。」This book is old.

「これは古い本です。」This is an old book.

より英語らしくいいたい場合は、

This is an old book.

を使いましょう。主語が長いのはバランスが悪く、主語の後に長い英文がある方が安定感があると考えられています。

例題

次の日本文を英文にしてください。

(1) これは私の本です。

(2) これはあなたの本です。

HINT

あなたの＝ your　私の＝ my

《答え》

(1) This is my book.　(2) This is your book.

理解を助けるポイント

① This book is small.
主語長い　短い

② This is a small book.
主語短い　長い

英語では、isのうしろが長い方（②）が安定感があって、英語らしい文章だと考えられています。ただし、話し手のいいたいこと次第（しだい）で、どちらの表現も使われます。

英作文の練習をしましょう

おもしろい＝ interesting　古い＝ old　軽い＝ light　かわいい＝ pretty
私のもの＝ mine　私の＝ my

(1) この本は　おもしろい。
1　2 is＋おもしろい

(2) これは　おもしろい本です。
1　2 is＋おもしろい本

(3) この本は　古い。
1　2 is＋古い

(4) これは　古い本です。
1　2 is＋古い本

(5) このかばんは　軽い。
1　2 is＋軽い

(6) これは　軽いかばんです。
1　2 is＋軽いかばん

(7) あのかばんは　かわいい。
1　2 is＋かわいい

(8) あれは　かわいいかばんです。
1　2 is＋かわいいかばん

(9) このかばんは　私のものです。
1　2 is＋私のもの

(10) これは　私のかばんです。
1　2 is＋私のかばん

英語にするときのポイント

① a のうしろの単語が、ア、イ、ウ、エ、オの音ではじまっていれば、a ではなく、an を使います。
② my と a はいっしょに使うことができません。

学校ではこう習う

① 中学校では、This bag is small. と This is a small bag. のどちらも同じ意味をあらわすと習います。
② 英米人が、"This bag is small." の表現を使うときは、かばんのサイズに焦点(しょうてん)を当てて話しています。

英語らしく読んでみましょう

(1) This book is interesting.
ずィス　ブォッキズ　インタゥレスティン・

(2) This is an interesting book.
アニンタゥレスティン・

(3) This book is old.
オーゥオドゥ

(4) This is an old book.
アノーゥオドゥ

(5) This bag is light.
べァッギズ　らーィ・

(6) This is a light bag.
イザ

(7) That bag is pretty.
プゥリリィ

(8) That is a pretty bag.

(9) This bag is mine.
マーインヌ

(10) This is my bag.

英語らしい発音のコツ

① an ＋ i ＝ ani アニ、an ＋ o ＝ ano アノーゥと、くっつけて発音します。
an interesting book は
アニンタゥレスティン・ブォック
an old book は
アノーゥオドゥ　ブォック
② book の発音記号〔u〕は、ウとオの音の間で発音します。

LESSON 5

LESSON 5

5 英語らしい表現 ②

「私の髪は黒い。」My hair is black.
「私は黒髪をしています。」I have black hair.
上の２種類の表現では、My hair is black. の方がよく使われていますが、英語らしいのは I have black hair. です。

●違いと使い方

〈1〉My hair is black. の使い方
白髪(しらが)が目立つようになったので、髪を黒く染(そ)めた、というときに使われることが多いのです。
Judy's hair was white.（ジュディーさんの髪は白かった。）
Judy's hair is brown.（ジュディーさんの髪は茶色い。）

〈2〉I have black hair. の使い方
① 初めて手紙を出す人に自己紹介をするときに使えます。
② まだ会ったことのない人と待ち合わせをすることになって、お互いの特徴(とくちょう)を相手に伝える場合。

例題

次の日本文を2種類の英語にしてみましょう。

私は青い目をしています。

HINT

青い目＝ blue eyes

《答え》
My eyes are blue. / I have blue eyes.

理解を助けるポイント

be 動詞の使い方
「私の黒い髪」　髪はひとつのかたまりと考えるので、My hair is、
「私の青い目」　目はふたつあるので、My eyes are となります。

英作文の練習をしましょう

している＝has　緑色の目＝green eyes　黒い＝dark　長い＝long
髪＝hair　よい＝good　耳＝ears　地獄耳＝big ears　この子＝this child
目がよい＝good eyesight　目が悪い＝poor eyesight　足＝legs
白い肌＝a light complexion

(1) ジュディーさんは[1]　緑色の目[3]　をしています。[2 has]

(2) 礼子さんは[1]　黒い目[3]　をしています。[2 has]

(3) 私の母は[1]　青い目[3]　をしています。[2 has]

(4) 田中さんは[1]　長い髪[3]　をしています。[2 has]

(5) なりこさんは[1]　耳がよいです。[2 has＋よい耳]

(6) 私の母は[1]　地獄耳です。[2 has＋大きい耳]

(7) この子は[1]　目がよい。[2 has＋よい視力]

(8) トニー君は[1]　目が悪い。[2 has＋悪い視力]

(9) 洋子さんは[1]　足が長い。[2 has＋長い足]

(10) 佐知子さんは[1]　白い肌をしています。[2 has＋白い肌]

英語にするときのポイント

ふたつで1対の物は必ずsをつけて使います。(例) eyes
片方の目、耳、足は、an eye, an ear, a leg といいます。

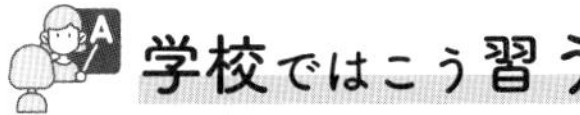

学校ではこう習う

「黒い目」は black eyesではなく、dark eyesを使うと習います。a black eye には、「なぐられてできたあざ」の意味があるので、間違えないようにという親心からでしょう。
しかし black eyes が間違いというわけではありません。ちなみに日本人には、dark eyes または、dark brown eyes の人が多いようです。

英語らしく読んでみましょう

(1) Judy has green eyes.
チューディ ヘァズ グゥリナーィズ

(2) Reiko has dark eyes.
ダーカーィズ

(3) My mother has blue eyes.
マーィ マざァ　ぶるー アーィズ

(4) Ms. Tanaka has long hair.
ミズ　ろーン・ヘアァ

(5) Nariko has good ears.
グッディアァズ

(6) My mother has big ears.
マざァ　ビッギィアァズ

(7) This child has good eyesight.
チャーィオドゥ　グダーィサーィ・

(8) Tony has poor eyesight.
プォア　アーィサーィ・

(9) Yoko has long legs.
ろーン・れッグズ

(10) Sachiko has a light complexion.
ヘァザ らーィ・
カンプれクシュンヌ

英語らしい発音のコツ

音と音のつなぎに注意しましょう。前にある単語の最後の音と、次にくる単語の最初の音がローマ字になる場合、くっつけて発音されます。
green eyes　グゥリナーィズ
dark eyes　ダーカーィズ
has a　ヘァザ

LESSON 5

LESSON 5

6 「趣味は～です。」動名詞の使い方

「水泳が趣味です。」のように、「～することが～です。」といいたいとき、「～する」（動詞）をそのまま主語にすることはできません。
「～すること」（名詞）になおして主語にします。動詞を名詞にかえる方法があります。

〈1〉動詞 ing ＝名詞　swimming ＝泳ぐこと、水泳
〈2〉to ＋動詞＝名詞　to swim ＝泳ぐこと、水泳
　ここまでの情報は中学校で習うことです。
　実際によく使われている、自然な英語を使うことが大切です。

●私からのお願い

名詞（「～すること」）から始まる英作文をしたいときは、動詞＋ ing で書きはじめてください。
〔○〕動詞＋ ing is ～ .　〔△〕To ＋動詞 is ～ .
〔○〕It's ～ to ＋動詞 .
どうしても to ＋動詞 で書きたい人は、It's ～ to ＋動詞 を使ってください。
to ＋動詞で始まるいい方は、とてもかたいいい方なので、あまり使われません。

次の日本文を動詞＋ ing を使って英文に直してください。

朝早く起きることはつらい。

HINT

早く＝ early　起きる＝ get up　つらい＝ hard

《答え》
Getting up early is hard.

理解を助けるポイント

動詞に ing をつけるときの注意。
get, run, swim のように、アクセントの位置にア、イ、ウ、エ、オの音（母音）が1つだけあるときは、最後の文字を重（かさ）ねて ing をつけます。
（例）getting, running, swimming

英作文の練習をしましょう

次の日本文を動詞＋ingのパターンを使って英語にしてください。

料理をする＝cook　趣味＝hobby　魚を釣る＝fish　旅行する＝travel
教える＝teach　学ぶ＝learn　英語＝English　仕事＝job　見る＝see
信じる＝believe　たばこを吸う＝smoke　あなたにとって＝for you
よくない＝bad　テレビを見る＝watch TV　楽しい、おもしろい＝fun

(1) 料理をするのが（1 ～ing）　私の趣味です。（2 is＋私の趣味）

(2) 魚釣りは（1 ～ing）　慎太郎君の趣味です。（2 is＋慎太郎君の趣味）

(3) 旅行は（1 ～ing）　私の趣味です。（2 is＋私の趣味）

(4) 教えることは（1 ～ing）　学ぶことですよ。（2 is＋～ing）

(5) 英語（2）　を教えるのが（1 ～ing）　私の仕事です。（3 is＋私の仕事）

(6) 百聞は一見にしかず。(見ることは（1 ～ing）　信じることです。（2 is＋～ing）)

(7) たばこを吸うのは（1 ～ing）　あなたにとって（3）　よくない。（2 is＋悪い）

(8) 旅行は（1 ～ing）　楽しいですよ。（2 is＋楽しい）

(9) テレビ（2）　を見るのは（1 ～ing）　楽しい。（3 is＋楽しい）

(10) 教えるのは（1 ～ing）　楽しい。（2 is＋楽しい）

英語らしく読んでみましょう

30

(1) Cooking is my hobby.
クッキン・　ホビィ

(2) Fishing is Shintaro's hobby.
ふィッシン・

(3) Traveling is my hobby.
チュレァヴェリン・

(4) Teaching is learning.
ティーチン・　ら～ニン・

(5) Teaching English is my job.
イングリッシズ　ヂャブ

(6) Seeing is believing.
スィーイン・　ビリーヴィン・

(7) Smoking is bad for you.
スモーゥキン・　ベァッ・

(8) Traveling is fun.
ふァンヌ

(9) Watching TV is fun.
ワッチン・

(10) Teaching is fun.

英語にするときのポイント

動詞にingをつけると名詞になります。

学校ではこう習う

① 英文法では、動詞＋ing を動名詞といいます。
②「～すること」だけではなく「～するのは、～のは、～のが」という日本語も 動詞＋ing です。

英語らしい発音のコツ

～ingのgの音は鼻から息を抜くようにして発音するので、ほとんど聞こえません。

LESSON 5

1 主語に合わせた動詞の使い方

動詞（状態をあらわす be 動詞、動作をあらわす一般動詞）の使い方を勉強しましょう。

● **am, is, are と、s がつく動詞の関係**

〈1〉話し手（私）　I am──I have

〈2〉話し相手（あなた）　You are──You have

〈3〉1人（あの人）　Tony is──Tony has

〈4〉2人以上（私たち、あなたたち、あの人たち）

We are──We have

このパターンを理解して、どんなとき動詞に s をつけるのかマスターしましょう。

● **これだけは覚えましょう**

主語が1人、または1つで「私」と「あなた」以外が主語（～は）のとき、動詞に s をつけます。

例題

次の日本文を英文に直してください。

(1)　私たちは毎朝走ります。

(2)　私の父は毎朝走ります。

HINT　私たち＝we　毎朝＝every morning　走る＝run, runs

《答え》

(1)　We run every morning.　(2)　My father runs every morning.

理解を助けるポイント

①どんな動詞に s をつけるのかまよったら、am, is, are のどれを使うか考えます。is になるときだけ動詞に s をつけます。

②主語の名詞に s（複数形）がつくと、動詞に s はつきません。名詞に複数を意味する s がついていないとき、動詞に s をつけます。

英作文の練習をしましょう

実力＝ability　お金＝money　ものをいう＝talk(s)　行ったり来たりする＝come(s) and go(es)　痛い＝hurt(s)　私の頭＝my head　私の（1本の）歯＝my tooth　私のお腹＝my stomach　私の1本の足＝my foot　私の腰＝my back　私ののど＝my throat　私の目＝my eyes

(1) 実力が　ものをいう。
1 Ability　2

(2) お金が　ものをいう。
1 Money　2

(3) 金は天下の回り物。（お金は　行ったり来たりする。）
1 Money　2 来る＋そして＋行く

(4) 頭が痛い。（私の頭が　痛い。）
1 My head　2

(5) 歯が痛い。（私の1本の歯が　痛い。）
1 My tooth　2

(6) お腹が痛い。（私のお腹が　痛い。）
1 My stomach　2

(7) 足が痛い。（私の一方の足が　痛い。）
1 My foot　2

(8) 腰が痛い。（私の腰が　痛い。）
1 My back　2

(9) のどが痛い。（私ののどが　痛い。）
1 My throat　2

(10) 目が痛い。（私の目が　痛い。）
1 My eyes　2

英語にするときのポイント

「行ったり来たりする」の語順は、come(s) and go(es) と決まっています。

学校ではこう習う

① 文法では、I を「1人称（しょう）」、You を「2人称」と習います。
② 動詞につける s や es のことを、「3単現の s」といいます。「3単現」とは3人称単数現在のことです。「私」と「あなた」以外のひと、ものを「3人称」といいます。単数とは、1人または1つのことです。

英語らしく読んでみましょう

31

(1) Ability talks.
アビリティ　トークス

(2) Money talks.
マニィ

(3) Money comes and goes.
カムザン　ゴーゥズ

(4) My head hurts.
マーィ ヘーッ・ ハ～ツ

(5) My tooth hurts.
トゥーす

(6) My stomach hurts.
スタマック

(7) My foot hurts.
ふッ・

(8) My back hurts.
ベアッ・

(9) My throat hurts.
すゥローゥ・

(10) My eyes hurt.
アーィズ

英語らしい発音のコツ

① comes and goes はカムザンゴーゥズ
② hurt のハ～は、ウを発音するときのように、口を小さく開けてハ～といいます。

LESSON 6

2 each、every、all の使い方

● **each と every と all を使い分けましょう。**

〈1〉each bus　「それぞれのバス」
〈2〉every bus　「どのバスも」
〈3〉all (the) buses　「すべてのバス」

《例》すべてのバスは混んでいます。

〈1〉Each bus is crowded.
　（それぞれのバスは混んでいます。）
〈2〉Every bus is crowded.
　（どのバスも混んでいます。）
〈3〉All (the) buses are crowded.
　（すべてのバスは混んでいます。）

大切なのは、3種類の英語は意味がほとんど同じだということです。
文法上はどれを解答にしてもいいのですが、実際には
all (the) buses
がよく使われます。

例題

次の日本文を every と all を使って英語に直してください。

すべての花には名前があります。

HINT
花＝ flower(s)　持っています＝ have、has　それ独特の名前＝ its own name
それら独特の名前＝ their own names

《答え》
Every flower has its own name. / All flowers have their own names.

POINT
理解を助けるポイント

「～があります」は「～を持っています」という意味なので、have、has を使って英語に直します。

英作文の練習をしましょう

ネコ = cat　かわいい = cute　〜が好きです = like(s)　魚 = fish　人 = person　〜がある = have/has　彼独特のやり方 = his own way　人々 = people　彼ら独特のやり方 = their own ways　イヌ = dog　彼の全盛期 = his day

(1) どのネコも　かわいい。
1 Every 〜　2 is + かわいい

(2) それぞれのネコは　かわいい。
1 Each 〜　2 is + かわいい

(3) すべてのネコは　かわいい。
1 All 〜　2 are + かわいい

(4) どのネコも　魚　が好きです。
1 Every 〜　3　2 likes

(5) それぞれのネコが　魚　を好きです。
1 Each 〜　3　2 likes

(6) すべてのネコは　魚　が好きです。
1 All 〜　3　2 like

(7) どの人にも　自分のやり方　があります。
1　3 his 〜　2 has

(8) それぞれの人に　各々のやり方　があります。
1　3 his 〜　2 has

(9) すべての人は　自分のやり方　があります。
1　3 their 〜　2 have

(10) どのイヌにも　全盛期(ぜんせいき)　があります。(誰にでもよい時があります。)
1　3 his 〜　2 has

英語らしく読んでみましょう

32

(1) Every cat is cute.
エヴゥリィ キャッティズ キュー・

(2) Each cat is cute.
イーチ

(3) All (the) cats are cute.
オーオ　キャッツ

(4) Every cat likes fish.
らーィクス ふィッシ

(5) Each cat likes fish.
イーチ

(6) All (the) cats like fish.
オーオ

(7) Every person has his own way.
パ〜スン　ヘァズ ヒズ オーゥン　ウェーィ

(8) Each person has his own way.
イーチ

(9) All (the) people have their own ways.
オーオ　ピーポー　ぜア　ウェーィズ

(10) Every dog has his day.
ドォーッグ　デーィ

英語にするときのポイント

every や each の英文の代名詞はふつう his を使います。最近では his（彼の）のかわりに his or her（彼の、または彼女の）、または their（彼らの、彼女たちの）を使うことがよいと考えられています。

英語らしい発音のコツ

① l が最後にある単語は、l をオと発音します。
例：all オーオ

② person の er ア〜は、ウを発音するときのように小さい口でア〜と発音します。

LESSON 6

3 everyone と everything の使い方

● **everyone と everything の使い方を覚えましょう。**

〈1〉everyone と everybody「誰でもみんな」

〈2〉everything「何もかも、みんな、万事、最も大切な物」

●**ここを間違える**

everyone と everything を使うときの注意は2点です。

〈1〉everyone の one は「人」を、everything の thing は「もの」をあらわしています。
「 みんな 」を英語に直すとき、人を示している場合は everyone、ものを示している場合は everything を使ってください。

〈2〉everyone と everything の every は「ひとつひとつの」という意味なので、単数扱いをします。
Everyone is ～.　Everything is ～. のように、Everyone と Everything はひとつと数えて、動詞に s をつけて使います。

everyone　everything

例題

次の日本文を英文に直してください。

みんな富士山が好きです。

HINT

好きです＝likes　富士山＝Mt. Fuji

《答え》

Everyone likes Mt. Fuji.

理解を助けるポイント

Everyone is ～. なので、is の代わりに likes を置きかえます。

英作文の練習をしましょう

～をおかす＝make(s)　1度や2度の失敗＝a mistake or two　～がある＝has　1つや2つの弱点＝a weakness or two　彼の欠点＝his faults　彼の長所と短所＝his strong and weak points　好ききらい＝likes and dislikes　年をとる＝get(s) old　遅かれ早かれ＝sooner or later　死ぬ＝die(s)　結局は＝in the end　準備ができた＝ready　オーケー＝OK　お金＝money

(1) 誰でも（1）　1度や2度は失敗（3）　しますよ。（2 makes）

(2) 誰でも（1）　1つや2つの弱点（3）　がありますよ。（2 has）

(3) 誰でも（1）　欠点は（3）　ありますよ。（2 has）

(4) 誰でも（1）　長所と短所（3）　がありますよ。（2 has）

(5) 誰でも（1）　好ききらい（3）　がありますよ。（2 has）

(6) 誰でも（1）　遅かれ早かれ（3）　年をとります。（2 gets＋年寄りの）（誰でもいつかは年をとります。）

(7) 誰でも（1）　結局は（3）　死にます。（2 dies）（誰でもいつかは死にます。）

(8) すべての（1）　準備ができていますよ。（2 is＋準備ができて）（準備万端整いましたよ。）

(9) すべて（1）　オーケーですよ。（2 is＋オーケー）（万事オーケーですよ。）

(10) お金が（1）　すべてではないですよ。（2 is not＋すべて）

英語らしく読んでみましょう

33

(1) Everyone makes a mistake or two.
エヴゥリワン　メーィクサ　ミィステーィク　オア チュー

(2) Everyone has a weakness or two.
ヘァザ　ウィークネス

(3) Everyone has his faults.
ヒズ　ふぉーオツ

(4) Everyone has his strong and weak points.
スチュローン・　アン・　ウィーク　ポーィンツ

(5) Everyone has likes and dislikes.
らーィクサン・　ディスらーィクス

(6) Everyone gets old sooner or later.
ゲッツ　オーゥオドゥ スーナァ　オァ れーィタァ

(7) Everyone dies in the end.
ダーィズ イン ずィ　エン・

(8) Everything is ready.
ゥレディ

(9) Everything is OK.
オーゥケーィ

(10) Money is not everything.
マニィ

英語にするときのポイント

「1度や2度は失敗をしますよ。」は「1度や2度の失敗をおかす」と分解して、英語に直します。

学校ではこう習う

everyを使う英文に所有代名詞（～の）があるときは、慣用的にhisを使いますが、theirを使う傾向にあります。

英語らしい発音のコツ

① andは、アン・ぐらいで発音しましょう。
② theのうしろに母音（ア、イ、ウ、エ、オなど）からはじまる単語がある場合は、theをずィと発音します。

LESSON 6

COLUMN 3
コラム

come と bring、go と take の使い方に注意！

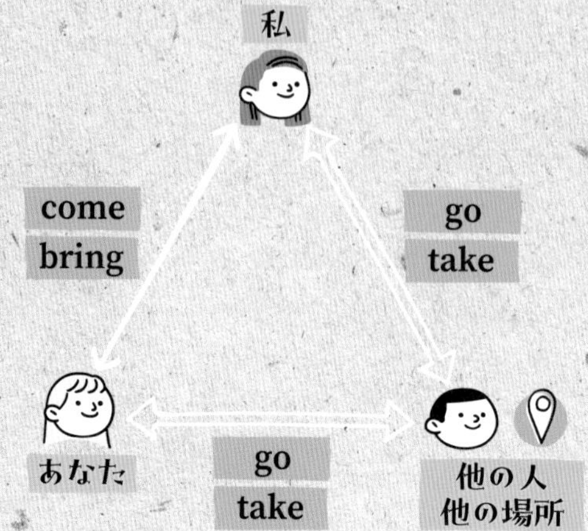

● **come と bring**

come → 話し手と相手の間で使う。

行く　と　来る

bring → 話し手と相手の間で使う。

持っていく　と　持ってくる

例 I'll **come** to see you.（会いに行きますよ）

Please **come** to see me.（私に会いに来てくださいよ）

I'll **bring** you my friend.（私の友だちを連れていきますよ）

Please **bring** me your friend.

（私のところにあなたの友だちを連れてきてくださいよ）

● **go と take**

go → 相手以外のところへ行く。

take → 相手以外のところへ連れていく。

連れていく　と　持っていく

例 First I'll **come** to your house. And then I'll **go** to Kaoru's house.

（まずあなたの家に行きます。そしてそれから、かおるさんの家に行きますよ）

Please **bring** a cup of tea to me.

（私のところにお茶を１杯持ってきてください）

Please **take** a cup of tea to Tony.

（トニーさんのところにお茶を１杯持っていってください）

Part 4 いいたいこと、たずねたいことをはっきり伝える

1 whoの使い方

● **whoの使い方を覚えましょう。**

who「誰が？」が主語で、

〈1〉現在のことをあらわしているときは、

① Who + is ～？「誰が～ですか。」

② Who ＋動詞の s のある形～？
「誰が～するのですか。」

〈2〉過去のことをあらわしているときは、

① Who + was ～？「誰が～でしたか。」

② Who ＋動詞の過去形～？「誰が～しましたか。」

〈3〉未来のことをあらわしているときは、

① Who + will be ～？「誰が～になるのですか。」

② Who + will ＋動詞の原形（s のない形）～？
「誰が～するのですか。」

例題

次の日本文を英文に直してください。

誰が佐知子さんを好きなの？

好きである＝ likes

《答え》

Who likes Sachiko?

理解を助けるポイント

誰が(1) 佐知子さんを(3) 好きなの？(2) のパターンは、

トニー君が(1) 佐知子さん(3) を好きだ(2)。とまったく同じ語順です。

Tony likes Sachiko. の Tony を Who に置きかえて最後に？をつけるだけです。

英作文の練習をしましょう

いる＝is　そこに＝there　住んでいる＝lives　ここに＝here
電話をかけている＝calling　〜と試合をする＝playing
勝っている＝winning　まさっている＝ahead　わかる＝knows
気にかける＝cares　〜を作る＝makes　車＝car　お茶＝tea

(1) そこにいるのは誰なの？（誰が[1] そこに[3] いるのですか。[2 is]）

(2) 誰が[1] ここに[3] 住んでいるのですか。[2 lives]

(3) どちら様ですか。（どなたが[1] 電話をかけているのですか。[2 is＋電話をかけている, please]）

(4) どことどこの試合なの？（誰が[1] 誰と[3] 試合をしているの？[2 is＋と試合をしている]）

(5) どちらが勝っているの？（誰が[1] 勝っているの？[2 is＋勝っている]）

(6) どちらがまさっているの？（誰が[1] まさっているの？[2 is＋まさっている]）

(7) 誰にもわかりませんよ。（誰が[1] わかるのですか。[2 knows]）

(8) 気にする人なんかいませんよ。（誰が[1] 気にするのですか。[2 cares]）

(9) この車はどこの製品ですか。（どこが[1] この車[3] を作っているのですか。[2 makes]）

(10) これはどこのお茶ですか。（どこが[1] このお茶[3] を作っているのですか。[2 makes]）

英語にするときのポイント

「どちら様ですか。」は Who ＋電話をかけている, please?
「誰なの？」は Who ＋電話をかけている？

学校ではこう習う

① 中学校では Who の訳を「誰が」または「誰を」と習いますが、「どこが」または「どこ」の意味で考えると英文にしやすいことがあります。
② 学校では「どちらが」を Which と教えていますが、人をあらわしている場合は、Who が使えます。

英語らしく読んでみましょう

34

(1) Who is there?
ぜアァ

(2) Who lives here?
フー　りヴズ　ヒアァ

(3) Who's calling, please?
フーズ　コーリン・　プリーズ

(4) Who's playing who?
プれーィイン・

(5) Who's winning?
ウィニン・

(6) Who's ahead?
アヘーッ・

(7) Who knows?
ノーウズ

(8) Who cares?
ケアァズ

(9) Who makes this car?
メーィクス　カー

(10) Who makes this tea?
ティー

英語らしい発音のコツ

学校では、疑問詞（who, what など）からはじまる疑問文の読み方を、最後を軽く下げるようにと教えていますが、実際のところ、あまり下げすぎると、事務的で冷たい感じがします。
反対に、軽く上げると親しみを込めたいい方になります。

LESSON 7

2 whatの使い方

● **whatが主語のときのbe動詞の形を覚えましょう。**

whatのうしろにbe動詞が来る場合は次のようになります。

現在	過去	未来
What is ～?	What was ～?	What will be ～?
「何ですか」	「何でしたか」	「何でしょうか」

● **What is ～?のふたつの使い方**

〈1〉What is ＋前置詞＋名詞?
「何が～(どこ)にありますか。」

〈2〉What is ～?「～は何ですか。」

例題

次の日本文を英文に直してください。

何がその机の上にありますか。

HINT

～の上に＝on　その机＝the desk

《答え》

What's on the desk?

理解を助けるポイント

「その机の上には何がありますか?」の語順は、
What is (何がありますか) ＋ on (～の上に) ＋
the desk (その机)?
と考えてください。

英作文の練習をしましょう

〜に入っている＝ is in　〜に書かれていた＝ was in　〜の上にある＝ is on
心＝ mind　上演されている＝ is on　スバル座で＝ at the Subaruza
新しい＝ new　悩(なや)ませている＝ is worrying　引き止(と)めている＝ is keeping
悪い＝ wrong　〜については＝ with　私に＝ me

(1) そのかばんに何が入っているのですか。(何が そのかばん に入っているのですか。 1 3 2 is + in)

(2) その手紙に何と書いてあったの？(何が その手紙 の中に書かれていたの？ 1 3 2 was in)

(3) あなたは何を考えているの？(何が あなたの心 の上にあるの？ 1 3 2 is + on)

(4) スバル座で何をやっているの？(何が スバル座 で 上演されているの？ 1 4 3 2 is + on)

(5) 何か変わったことあるの？(何が 新しいのですか。 1 2 is + 新しい)

(6) 何か心配事があるの？(何が 君 を悩ませているの？ 1 3 2 is + 悩ませている)

(7) トニーは何を手間(てま)取(ど)っているの？(何が トニー を引き止めているの？ 1 3 2 is + 引き止めている)

(8) 私たちのバスはなぜ遅(おく)れているの？(何が 私たちのバス を引き止めているの？ 1 3 2 is + 引き止めている)

(9) どうかしたのですか？(あなたに ついては どこが 悪いのですか。 4 3 1 2 is + 悪い)

(10) 私のどこが悪いのですか。(私に ついては どこが 悪いの？ 4 3 1 2 is + 悪い)

英語にするときのポイント

What は「何？」だけでなく、「どこが？」の意味で考えると、うまく英語にできることが多いようです。

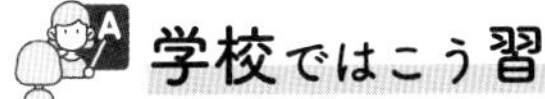

学校ではこう習う

① What's wrong?（どうしたの？）
② What's wrong with you?（どうかしたんですか。）
長沢式では with you を他の単語にとりかえて応用力をつけていただきます。
What's wrong with Sunday?
（どうして日曜日はだめなのですか。）

英語らしく読んでみましょう

35

(1) What's in the bag?
ワッツイン

(2) What was in the letter?
れラァ

(3) What's on your mind?
ワッツ　オン　マーィン・

(4) What's on at the Subaruza?
ワッツオン　アッ・ざ

(5) What's new?
ニュー

(6) What's worrying you?
ワ～ゥリイン・

(7) What's keeping Tony?
キーピン・　トーゥニィ

(8) What's keeping our bus?
アーゥァ バス

(9) What's wrong with you?
ゥローン・　ウィずュー

(10) What's wrong with me?
ウィず　ミー

英語らしい発音のコツ

① letter はイギリス英語ではれタァ、アメリカ英語ではれラァ
② ing で終わっている単語の g グをはっきり発音し過ぎないように気をつけてください。鼻から息を抜くように、ングといいましょう。この本では、ングのかわりにン・とあらわしています。

LESSON 7

3 whichの使い方

whichの使い方を覚えましょう。

● whichとbe動詞をいっしょに使う方法

〈1〉Which is ＿＿? (どちらが＿＿ですか。)

〈2〉Which＋[名詞] is ＿＿? (どちらの[～]が＿＿ですか。)

上の2つのパターンは次のように使うと、同じ意味になります。

① どちらが(1)　君のボールペン(3)　ですか。(2)

Which is your ball-point pen?

② どちらのボールペンが(1)　君の物(3)　ですか。(2)

Which ball-point pen is yours?

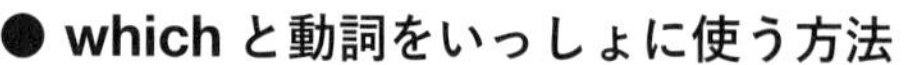

● whichと動詞をいっしょに使う方法

〈1〉Which＋[動詞s] ＿＿? (どちらが＿＿[しますか]。)

〈2〉Which＋[名詞]＋動詞s ＿＿? (どちらの[名詞]が＿＿しますか。)

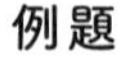

例題

次の日本文を英文に直してください。

どちらの列車が大阪へ行きますか。

HINT

列車＝train　行く＝goes　～へ＝to

《答え》

Which train goes to Osaka?

理解を助けるポイント

どちらの列車が(1)　大阪(4)　へ(3)　行きますか。(2)

英語では「何が」「どうした」かをまずいいます。そして疑問が生じるように単語を並べます。最後に疑問に答えます。

[どちらの列車が] [行きますか] [へ] 〈どこへ?〉 [大阪]

英作文の練習をしましょう

あなたのもの＝yours　バス＝bus　行く＝goes　～に＝to　町内＝city center　繁華街へ＝downtown　とまる＝stops　で＝at
窓、窓口＝window　～を売る＝sells　切手＝stamps　正しい＝correct
いちばん好きな＝favorite　野球チーム＝baseball team
搭乗ゲート＝boarding gate

(1) どちらが[1] あなたのかばん[3] ですか。[2 is]

(2) どちらのかばんが[1] あなたの（もの）[3] ですか。[2 is]

(3) どちらのバスが[1] 町内[4] へ[3] 行きますか。[2 goes]

(4) どちらのバスが[1] 繁華街へ（はんかがい）[3] 行きますか。[2 goes]

(5) どちらのバスが[1] 西町（にしまち）[4] で[3] とまりますか。[2 stops]

(6) 切手はどこの窓口（まどぐち）で売られていますか。（どちらの窓口が[1] 切手[3] を売りますか。[2 sells]）

(7) どっちが[1] どっち[3] ですか。[2 is]

(8) どちらが[1] 正しいの[3] ですか。[2 is]

(9) どこが[1] 君のいちばん好きな野球チーム[3] ですか。[2 is]（あなたのいちばん好きな野球チームはどこですか。）

(10) どちらが[1] 私たちの搭乗（とうじょう）ゲート[3] ですか。[2 is]（私たちの搭乗ゲートは何番ですか。）

英語にするときのポイント

which は「どちら？」だけでなく、「どこ？」「何番？」と訳すこともできます。

学校ではこう習う

「～へ」をふくんでいる単語には、to をつける必要がありません。「町内へ」は to the city center ですが、downtown という単語は、「繁華街へ」という意味の単語なので、to downtown とはいいません。（p.90 参照）

英語らしく読んでみましょう

36

(1) Which is your bag?
ヨア　ベアッ・

(2) Which bag is yours?
ヨアズ

(3) Which bus goes to the city center?
バス　ゴーゥズ　スィリィ　センタァ

(4) Which bus goes downtown?
ダーゥンターゥンヌ

(5) Which bus stops at Nishimachi?
スタップサッ・

(6) Which window sells stamps?
ウィンドーゥ　セオズ　ステァンプス

(7) Which is which?
ウィッチズ

(8) Which is correct?
コゥレク・

(9) Which is your favorite baseball team?
ふェーィヴァゥリッ・　ベェーィスボー　ティーム

(10) Which is our boarding gate?
アーウァ　ボーディン・　ゲーィ・

英語らしい発音のコツ

① city をイギリスではスィティ、アメリカ人ではスィリィ

② center をイギリス人はセンタァとはっきり発音しますが、アメリカではセナァと発音する人が多いようです。

LESSON 7

1 時のin、on、atの使い方

●時といっしょに使う in, on, at の使い分け

in ── 時間的に長いときは　in

on── はっきりした日にちを示しているときは　on

at ── 時間的に短い時、または瞬間をあらわしているときは　at

● in, on, at の意味

日本語の「〜に」を意味します。in, on, at の使い分けをマスターして下さい。

3時に	at three
4月に	in April
4月1日に	on April (the) first
日曜日に	on Sunday

in April

on April (the) first

at three

例題

次の日本文を英文に直してください。

私は4月1日に生まれました。

HINT

生まれた＝ was born

《答え》

I was born on April (the) first.

理解を助けるポイント

次のように覚えると簡単ですよ。

in 一長いん（in）時

on 一お決まりの日（on）

at 一アッと（at）いう間に過ぎるとき

英作文の練習をしましょう

学校＝ school　始まる＝ begins　8 日＝ (the) eighth　8 時＝ eight　12 月＝ December　20 日＝ (the) twentieth　1957 年＝ nineteen fifty-seven　クリスマス＝ Christmas　金曜日＝ Friday　誕生日＝ birthday　今年は＝ this year　当たる＝ falls　日本では＝ in Japan　新学期＝ the new term　新学期＝ the new semester　4 月＝ April　9 月＝ September　終わる＝ ends　仕事＝ work

⑴ 私たちの学校は　4 月 8 日　に　始まります。
1　4　3　2 begins

⑵ 私たちの学校は　8 時　に　始まります。
1　4　3　2 begins

⑶ 私たちの学校は　4 月　に　始まります。
1　4　3　2 begins

⑷ 私は　12 月 20 日　に　生まれました。
1　4　3　2 was born

⑸ 私は　1957 年　に　生まれました。
1　4　3　2 was born

⑹ クリスマスは　金曜日　に　当たります。
1　4　3　2 falls

⑺ 私の誕生日は　今年は　月曜日　に　当たります。
1　5　4　3　2 falls

⑻ 日本　では　新学期は　4 月　に　始まります。
2　1　3　6　5　4 begins

⑼ 新学期は　9 月　に　始まります。
1　4　3　2 begins

⑽ 私の仕事は　8 時　に　終わります。
1　4　3　2 ends

英語にするときのポイント

日本文では未来をあらわしていても、毎年のカレンダーで決まっていることは現在形で英語に直します。

学校ではこう習う

① at, in, on などを前置詞といいます。名詞の前に置きます。
②「～から始まる」は、「～に始まる」と考えてください。
③「新学期」を英作文にするとき、3 学期制の場合は the new term、2 学期制のときは the new semester となります。

英語らしく読んでみましょう

⑴ **Our school begins on April (the) eighth.**
アーゥア スクーオ　ビギンズ　オネーィプゥリオ　(ずィ)　エーィ・す

⑵ **Our school begins at eight.**
アッテーィ・

⑶ **Our school begins in April.**
イネーィポー

⑷ **I was born on December (the) twentieth.**
ワズ　ボーノン　ディセンバァ　チュウェーンティーす

⑸ **I was born in nineteen fifty-seven.**
ふィふティセヴンヌ

⑹ **Christmas falls on Friday.**
クゥリスマス　ふゥラーィデーィ

⑺ **My birthday falls on Monday this year.**
マーィバ～すデーィ　ふォーゾン　マンデーィ　いヤァ

⑻ **In Japan the new term begins in April.**
ヂァペァンヌ　ニュー　タ～ム

⑼ **The new semester begins in September.**
スィメースタァ　セプテーンバァ

⑽ **My work ends at eight.**
ワ～ク　エンヅァッ・テーィ・

英語らしい発音のコツ

① 英語の〔i〕の音は、日本語のイとエの間の音なので、begins がビゲンズと聞こえることもあります。
② in April と on April は n と A がくっついて発音されるために、ネーィと聞こえます。

LESSON 8

2 場所のin、on、atの使い方

場所といっしょに使う in, on, at の使い分けを覚えましょう。

in ―― 場所を面積としてとらえています。長さと幅と高さを感じさせる「～に」「～で」となります。つまり、広いイメージが in です。
on―― 場所を直線としてとらえています。何かに接しているまたは、何かに面しているイメージで使われるので、場所を長さと幅でとらえていることになります。
at ―― 場所を1つの点としてとらえているので、狭い場所「～に」「～で」なら at を使います。

● in, on, at の意味

日本語の「～で」「～に」をあらわします。in, on, at の使い分けに注意して英語にしてください。

東京 に―in Tokyo
青山通り に―on Aoyama Street
私のおじさんの家 に―at my uncle's house

次の日本文を英文に直してください。

私は丹波篠山に住んでいます。

住んでいる = live　～に = in

《答え》

I live in Tamba-Sasayama.

理解を助けるポイント

面積を考えて広いと思ったら in、1地点をあらわしていると思ったら at、直線または通りに面していると考えられる場合は on を使います。

英作文の練習をしましょう

青山通り＝ Aoyama Street　49 番地＝ No. forty-nine　ホテル丹波篠山＝ the Hotel Tamba-Sasayama　おばさんの家＝ aunt's house　～するつもり＝ am going to　家＝ home　いる、泊まる＝ stay

(1) 私は(1) 東京(4) に(3) 住んでいます。(2)

(2) 私は(1) 青山通り(4) に(3) 住んでいます。(2)

(3) 私は(1) 東岡屋(5) 49 番地(4) に(3) 住んでいます。(2)

(4) 私は(1) ホテル丹波篠山(たんばささやま)(4) に(3) 住んでいます。(2)

(5) 私は(1) 私のおばさんの家(4) に(3) 住んでいます。(2)

(6) 私は(1) 東京(6) にある(5) 神田(4) に(3) 住んでいます。(2)

(7) 私は(1) この通り(6) にある(5) 49 番地(4) に(3) 住んでいます。(2)

(8) 私は(1) 家(5) に(4) いる(3) つもりです。(2)

(9) 私は(1) ホテル(5) に(4) 泊まる(3) つもりです。(2)

英語にするときのポイント

「東京の神田に」は、神田に ＋ 東京に と考えてください。
「この通りの 49 番地に」は、49 番地に ＋ この通りに

学校ではこう習う

英語では、同じ種類の単語がいくつか続くときは小・中・大の順番で小さいものから大きなものへ並べます。

(例) きのうの(3)　夕方の(2)　6時に(1)

→ at 6(1)　in the evening(2)　yesterday(3)

英語らしく読んでみましょう

38

(1) I live in Tokyo.
りヴィン

(2) I live on Aoyama Street.
りヴォン　スチュリー・

(3) I live at No. forty-nine Higashiokaya.
ナンバァ ふォーティナーィンヌ

(4) I live at the Hotel Tamba-Sasayama.
りヴァッ・　ホーゥテオ

(5) I live in my aunt's house.
エァンツ　ハーゥス

(6) I live at〔in〕Kanda in Tokyo.
イン

(注)学校英文法では at と習います。実際には in が使われます。

(7) I live at No. forty-nine on this street.

(8) I'm going to stay at home.
アーィム ゴーゥイン・テュ ステーィ アッ・ホーゥム

(9) I'm going to stay at a hotel.
アタ

英語らしい発音のコツ

① 音がくっついてどんどん変化します。
live in りヴィン、live on りヴォン、live at りヴァッ・

② l が単語の最後にあるときは、l の発音はオでしたね。
hotel ホーゥテオ

LESSON 8

3 in、on、atを使い分ける

in、on、at を使い分けて自分のいいたいことをはっきり伝えましょう。

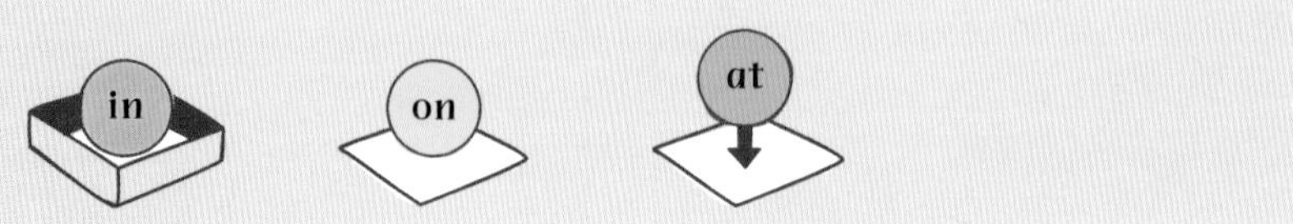

in ── 場所を立体ととらえる。話し相手に大きさ、立体感（三次元的）を伝えられる。
on── 場所を直線ととらえるので、「高さ」がない平面的（二次元的）な感じを伝えられる。物の表面にくっついているイメージで on を使う。
at ── 場所をひとつの点ととらえる。「～のところで、～の近くで」の感じで使うことができる。

● **in と on の実際の使い分け**

「いすにすわる。」

① sit in a chair　② sit on a chair

このふたつの英文にはどのような違いがあるのでしょうか。

① sit in a chair

は、in が使われていることから、高さを感じさせます。ゆったりとした、すわると深く沈（しず）むようないすにすわっていると考えられます。

② sit on a chair

は、on が使われていることから、高さを感じさせません。ふかふかした感じがなく表面がかたいいすにすわった感じがします。

理解を助けるポイント

POINT

sit on a chair
パイプいす、または、背もたれがないいすにすわっているイメージ。
sit in a chair
背もたれがあり、ひじをかけるところがあるようないすにすわっているイメージ。

英作文の練習をしましょう

～に乗る＝ get on, get in　バス＝ bus　電車＝ train　あるタクシー＝ a taxi　その床＝ the floor　（それらの）2 脚以上のいす＝ the chairs　そのソファー＝ the sofa　あのベンチ＝ that bench　その火＝ the fire　そのテーブル＝ the table　私の机＝ my desk

(1) あのバス(3)　に乗り(2)　ましょう(1)。

(2) あの電車(3)　に乗り(2)　ましょう(1)。

(3) タクシー(3)　に乗り(2)　ましょう(1)。

(4) その床(4)　に(3)　すわり(2)　ましょう(1)。

(5) それらのいす(4)　に(3)　すわり(2)　ましょう(1)。

(6) そのソファー(4)　に(3)　すわり(2)　ましょう(1)。

(7) あのベンチ(4)　に(3)　すわり(2)　ましょう(1)。

(8) その火(4)　のところに(3 at)　すわり(2)　ましょう(1)。

(9) そのテーブル(4)　のところに(3 at)　すわり(2)　ましょう(1)。

(10) 私は(1)　私の机(5)　のところに(4 at)　すわろう(3)　と思う(2)。

英語にするときのポイント

「～しましょう」Let's ＋動詞～ .
「～しようかな」I think I'll ＋動詞～ .

学校ではこう習う

① 大きい乗り物（バス、電車）に乗るときは、平たくて長い平面を感じさせるもののイメージ、上に乗るものと考えて on、乗用車のように中に入り込むものは in を使います。
② 中学校では、「～のそばに」は、by（バーィ）または near（ニァ）と習います。これに加えて、at は「～のところに」の意味で使えます。

英語らしく読んでみましょう

39

(1) Let's get on that bus.
れッツ　ゲロン　バス

(2) Let's get on that train.
チュレーィンヌ

(3) Let's get in a taxi.
ゲティナ

(4) Let's sit on the floor.
スィロン　ふろーア

(5) Let's sit on the chairs.
ざ　チェアズ

(6) Let's sit in [on] the sofa.
ソーゥふァ
（注）一般的には on ですが、深く沈みこむソファーでは in を使うことがあります。

(7) Let's sit on that bench.
ぜァッ　ベンチ

(8) Let's sit at the fire.
スィタッ・ざ　ふァーィア

(9) Let's sit at the table.
テーィボー

(10) I think I'll sit at my desk.
すィンカーィオ　デスク

英語らしい発音のコツ

イギリス人は、get on, get in, sit on, sit in, sit at. の to, ti, ta のところをト、ティ、タと発音しますが、アメリカ人は、ろ、り、らと発音します。

LESSON 8

LESSON 8

4 in、on、atを使わない英作文

前置詞（in, on, at, to など）を使わなくても「～に」「～へ」をあらわせる語を紹介します。

here	ヒアァ	ここに、ここへ
there	ぜアァ	そこに、そこへ
over there	オーゥヴァ　ぜアァ	あそこに、あそこへ
over here	オーゥヴァ　ヒアァ	こっちの方に、こっちの方へ
today	チュデーィ	今日
tomorrow	トゥマゥローゥ	明日（あした）
yesterday	いェースタディ	きのう
now	ナーゥ	今、もう
two days ago	チューデーィズアゴーゥ	二日前に
this year	ずィシヤァ	今年
last year	れァスチャァ	去年（きょねん）
next year	ネクスチャァ	来年
home	ホーゥム	家に、家で、わが家へ、故郷（こきょう）へ
downtown	ダーゥンターゥンヌ	繁華街（はんかがい）へ

例題

次の日本文を英文に直してください。

町の中心街へ行きましょう。

HINT

行く = go

《答え》

Let's go downtown.

理解を助けるポイント

「学校へ行く」= 行く + へ +〈どこへ？〉学校 → I go to school. のように日本語を分けて英語に直します。ふつう「～へ」に当たる to を使うのですが、downtown（繁華街へ）には、もともと「へ」の意味があるので、あらためて to を使う必要がありません。

英作文の練習をしましょう

～しましょう＝Let's　行く＝go　に＝on　日曜日＝Sunday　～へ＝to
家＝home　に＝at　いる＝stay　この家＝this house　住んでいる＝live

(1) 東京(4) へ(3) 行き(2) ましょう。(1) へ＝to

(2) そこへ(3) 行き(2) ましょう。(1) そこへ＝there

(3) 日曜日(6) に(5) 東京(4) へ(3) 行き(2) ましょう。(1) へ＝to

(4) 明日(あした)(5) 東京(4) へ(3) 行き(2) ましょう。(1) へ＝to

(5) 今日(4) 繁華街(はんかがい)へ(3 downtown) 行き(2) ましょう。(1)

(6) 今日は(5) 家(4) に(3) いま(2) しょう。(1) ① に＝at　家＝home

(7) 今日は(4) 家に(3) いま(2) しょう。(1) ② 家に＝home

(8) もう(4) 家へ(3) 帰り(2) ましょう。(1) 家へ＝home

(9) 私は(1) この家(4) に(3) 住んでいます。(2) に＝in

(10) 私は(1) ここに(3) 住んでいます。(2) ここに＝here

英語らしく読んでみましょう

40

(1) Let's go to Tokyo.
れッツ　ゴーゥテュ

(2) Let's go there.
ぜアァ

(3) Let's go to Tokyo on Sunday.
オン サンデーィ

(4) Let's go to Tokyo tomorrow.
トゥマゥローゥ

(5) Let's go downtown today.
ダーゥンターゥンヌ チュデーィ

(6) Let's stay at home today.
ステーィ アッ・ホーゥム

(7) Let's stay home today.

(8) Let's go home now.
ナーゥ

(9) I live in this house.
りヴィン　ハーゥス

(10) I live here.
りヴ　ヒアァ

英語にするときのポイント

①「～の家にいる。」は いる ＋ に ＋ 家
②「～の家にいる。」は いる ＋ 家に
と分解して英語にします。

学校ではこう習う

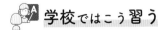

home には、「家」という意味の名詞と、「家に」という副詞のふたつの使い方があります。「家にいる。」を英語に直すと、stay at home (に 家) と stay home (家に) という２つの英文ができます。

英語らしい発音のコツ

〔au〕、〔ou〕、〔ei〕の発音記号のときは、アー、オー、エーといってから、軽くウやイをたすと英語らしく聞こえます。
house ハーゥス、now ナーゥ、downtown ダーゥンターゥンヌ、go ゴーゥ、today チュデーィ

LESSON 8

LESSON 8

5 in、onの使い方のルール

in, on の使いわけと、使えないときのルールを覚えましょう。

● **in, on の使い分け**

〈時間的に長いん（in）〉

午前中に＝ in the morning

昼から＝ in the afternoon

夕方に、夜に＝ in the evening

〈期間的に長いん（in）〉

4月に＝ in April　春に＝ in spring

〈お（on）決まりの日〉

日曜日に＝ on Sunday

クリスマスに＝ on Christmas

5月1日に＝ on May (the) first

ある晴れた日に＝ on a nice day

● **ここを間違える**

this（今日の、この）、next（来週の、次の）、last（きのうの、先週の、前の）、every（毎）、などがある場合は、in, on をいっしょに使うことはできません。

今朝＝ this morning

今日の昼から＝ this afternoon

来週の日曜日に＝ next Sunday

先週の日曜日に＝ last Sunday

毎週日曜日に＝ every Sunday

● **これだけは覚えましょう**

朝早く＝ early in the morning

夜遅く＝ late at night

その日曜日の朝に＝ on that Sunday morning

その日に＝ on that day

4月のある日＝ one day in April

いつか＝ some day

理解を助けるポイント

① that がついているときは on を使えます。

②いつのことかはっきりしているときは on を使います。

英作文の練習をしましょう

ジョギングする＝jog　ジョギングをした＝jogged　晴れた日＝nice days
〜しましょう＝Let's

(1) 私は　午前　中に　ジョギングをします。
1 4 3 2

(2) 私は　毎朝　ジョギングをします。
1 3 2

(3) 私は　朝早く　ジョギングをします。
1 3 2

(4) 私は　夜遅く　ジョギングをします。
1 3 2

(5) 今週の日曜日　に　ジョギングをしま　しょう。
4 3 2 1

(6) 来週の日曜日に　ジョギングをしま　しょう。
3 2 1

(7) 私は　毎週日曜日　に　ジョギングをします。①
1 4 3 on 2

(8) 私は　毎週日曜日に　ジョギングをします。②
1 3 every 〜 2

(9) 私は　晴れた日　に　ジョギングをします。
1 4 3 2

(10) 私は　先週の日曜日に　ジョギングをしました。
1 3 2

英語にするときのポイント

次の表現を使い、区別して覚えておきましょう。
on Sunday 「今週の日曜日に」
every Sunday、on Sundays 「毎週日曜日に」

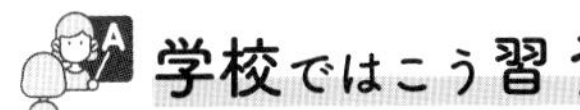

学校ではこう習う

that day, that morning のように、that があるときは on を使わない、と教えている先生が多いようですが、on that day, on that morning も正しい英語です。

英語らしく読んでみましょう

(1) **I jog in the morning.**
ヂョグ　モーニン・

(2) **I jog every morning.**
エヴゥリィ

(3) **I jog early in the morning.**
ア〜ゥリィ

(4) **I jog late at night.**
れーィタッ・ナーィ・

(5) **Let's jog on Sunday.**
オン　サンデーィ

(6) **Let's jog next Sunday.**
ネクス・サンデーィ

(7) **I jog on Sundays.**
サンデーィズ

(8) **I jog every Sunday.**

(9) **I jog on nice days.**
ナーィスデーィズ

(10) **I jogged last Sunday.**
ヂョグ・　れァス・サンデーィ

英語らしい発音のコツ

jog はイギリスはヂョグ、アメリカ人はヂャグと発音します。
next Sunday や last Sunday のようにひとつ目の単語の最後の音と、ふたつ目の単語の最初の音がローマ字にならないときは、前の t の音を飲みこむように発音するためにはっきり聞こえません。

LESSON 8

自由帳

今までに身につけた英語を使って、自分が書きたいことを自由に英作文してみましょう。
右のふせんの単語もぜひ使ってみてください。

例「今日あったこと」

I went to a new bookstore today. It opened last month. There are a lot of books in the bookstore. I bought some interesting books there. On my way home, I met a friend. She was walking with her mother. It's already late tonight. I'm sleepy. I plan to read one of the books tomorrow. It's a book about cooking. I'm excited!
(今日、新しい書店へ行きました。先月開店したんです。書店にはたくさんの本があります。そこで何冊かのおもしろい本を買いました。家に帰る途中、ある1人の友だちに(ぐうぜん)会いました。彼女はお母さんと一緒に歩いていました。今夜はもう遅いです。眠いです。明日はそれらの本の1冊を読む計画です。料理についての本です。わくわくします!)

【動作を表す語句】
自転車に乗る = ride a bike
買い物に行く
= go shopping
家にいる
= stay at home
~する計画です
= plan to ~

【状態を表す語句】
とてもおいしい
= delicious
いろいろな = different
新しい = new
おもしろい
= interesting

【日時や天気を表す語句】
一日中 = all day
週末に
= on the weekend
風が強い = windy

【いろいろなものの語句】
映画館
= a movie theater
花火 = fireworks
3連休
= a three-day weekend
キャンプ場
= a camping site

送り先 明日香出版社
FAX 03-5395-7654
住 所 〒112-0005 東京都文京区水道 2-11-5

この本をよんでわからないところがあったら、
下の欄に記入して、このページを
明日香出版社まで FAX で送ってください。
長沢先生から直接回答をさしあげます。
質問は郵送でも受け付けております。
わからないところがなくなるまで、
長沢先生がていねいにフォローしてくれます。
ぜひご利用ください！
※本書以外のご質問は受けかねます。

ご質問の際は必ずご記入ください。

お名前　　年齢　　TEL　　FAX

ご住所　〒

※氏名・住所・連絡先等が不完全な場合はご対応いたしかねます。

著者
長沢寿夫（ながさわ・としお）

【著者略歴】
累計 319 万部突破！
「中学英語」といえば長沢式！

1980 年、ブックスおがた書店のすすめで、川西、池田、伊丹地区の家庭教師をはじめる。
1981 年～ 1984 年、教え方の研究のために、塾・英会話学院・個人教授などで約 30 人の先生について英語を習う。
その結果、やはり自分で教え方を開発しなければならないと思い、長沢式の勉強方法を考え出す。
1986 年、旺文社『ハイトップ英和辞典』の執筆・校正の協力の依頼を受ける。
1992 年、旺文社『ハイトップ和英辞典』の執筆・校正のほとんどを手がける。
現在は塾で教えるかたわら、英語書の執筆にいそしむ。読者からの質問にていねいに答える「質問券」制度も好評。

主な著書
『中学 3 年分の英語を 3 週間でマスターできる本』（43 万部突破）
『中学・高校 6 年分の英語が 10 日間で身につく本』（27 万部突破）
（共に明日香出版社）
『中学校 3 年分の英語が教えられるほどよくわかる』（ベレ出版）

【協力者】
校閲　アップル英会話センター・山嵜礼子
校正協力　丸橋一広・長沢徳尚・山嵜なり子
読書アドバイザー　和田薫・只純也・池上悟朗・一色宏八・小島健・近成俊昭

図解　言いたいことを 5 秒で話せる
日本一やさしい英作文

2023 年 10 月 23 日 初版発行

著者　長沢寿夫
発行者　石野栄一
発売　明日香出版社
〒 112-0005 東京都文京区水道 2-11-5
電話 03-5395-7650
https://www.asuka-g.co.jp

カバーデザイン　金澤浩二
誌面デザイン　コウズデザイン kohzu design
イラスト　種瀬祐衣
編集協力　株式会社カルチャー・プロ

ISBN 978-4-7569-2291-5